世 界 文 化 遗 产 Heritage Site of Cultural Anth~~~~~~~~

登 攀 长 城 证 明 书

Certificate to show that you have climbed the Great Wall of China

不到長城非好漢

NOT A PLUCKY HERO UNTIL ONE REACHES THE GREAT WALL

_____ 登攀万里长城，特此证明。

This is to certify that _____ has climbed

the Mutianyu Great Wall of China.

日期 （Date）：_____

图书在版编目(CIP)数据

长城/吴建群等编.－北京:中国旅游出版社,2001.7
ISBN 7-5032-1863-0

Ⅰ.长… Ⅱ.吴… Ⅲ.长城－摄影集
Ⅳ.K928.71-64

中国版本图书馆 CIP 数据核字(2001)第 043390 号

策　　划:旅　舜
责任编辑:吴建群　杨　茵
撰　　稿:武冀平
摄　　影:于云天　姜景余　王文波　张肇基
　　　　　杨　茵　李　江　陈东林　王津贵
　　　　　刘思敏　姜　力
设　　计:夏　至
电脑制作:翟爱英

中国旅游出版社　出版
北京华天旅游国际广告公司　承制
开本: 787 × 1092mm　1/12
印张: 8　　印数: 5000
2001 年第一版　2002 年 6 月第二次印刷
书号: ISBN 7-5032-1863-0/K·492
　　　0006000

长　城

The Great Wall

La Grande Muraille　　**Die Große Mauer**　　**La Gran Muralla**　　**Grande Muraglia**

中国旅游出版社

长　城

长城，是中华民族精神的象征，是中国古代人民勤劳智慧的结晶，是冷兵器时代一个完整的军事防御体系，是现代中外旅游者探险、思古、游览的胜景。

长城，从东到西绵延万里，她像一条巨龙，蜿蜒起伏于中国北部，堪称人类建筑史上的奇迹，深受各国人民的仰慕和赞叹，并被中国政府确认为国家重点文物保护单位。1987年，又被联合国教科文组织列入了世界文化遗产名录。

长城自古到今修筑延续二千多年。远自公元前七世纪，长城便开始其修建工程。那是中国历史上春秋战国时期，当时楚、齐、魏、韩、燕、秦、赵等诸侯国，为了互相防御，各自在领土上修筑起城墙，因其长度很长，故称长城。公元前221年，秦始皇统一中国后，把秦、燕、赵国北部的长城连接起来，并增修了许多地段，于是，中国历史上有了第一道万里长城。此后，历朝历代，为了有效地防御北方游牧民族侵扰，都修筑过长城。其中尤以秦（公元前221～公元前206）、汉（公元前206～公元220）、明（1368～1644）三个朝代修筑长城的长度最长，均超过万里。如今人们见到的长城大都在明代筑成。明长城东起山海关，西到嘉峪关，横跨河北、北京、山西、内蒙古、宁夏、陕西、甘肃等7个省、自治区、直辖市，长度达5660公里，是长城发展的最高峰。

在设计和施工上，长城体现了当时军事家和施工者的聪明才智，城墙是长城的主体工程，墙体随山势而筑，高低宽窄不同，建筑材料不一，极富于变化。同时还建有规模、等级不同的城堡、墩台、关口、烽火台（亦称烽燧、烟墩）等。城堡高的叫敌楼，用于守望和住宿，低的名墙台，是士兵放哨的地方。关隘，一般是咽喉要道，军事要塞；烽火台则用于传递军情。试想，当以白天燃烟、夜间举火为号的烽火台火光冲天，狼烟四起，霎时，台台遥相呼应，消息直传京城，那该是多么壮观的一幅图画。

长城，这座由中国古代各族人民共同筑成的丰碑，早已完成了它的历史任务。而今留给后人的有关长城的历史、文化、艺术、建筑、旅游等珍贵的价值却永存人间。凡是到过长城的人们，抚城凭吊，目睹耳闻，无不对这一体现人类伟大创造力的杰作感到震撼、鼓舞和启迪。

请记住中国这句名言：不到长城非好汉！

The Great Wall

The Great Wall is a symbol of the dauntlessly indomitable spirit of the Chinese nation and a crystallization of the wisdom of the Chinese people in ancient times. During the age of cold weapons, it was a comprehensive defense work, and in modern times, it is a tourist attraction that draws a constant stream of adventurous explorers, sightseers, and those who cherish the past.

The Great Wall extends five thousand kilometres from east to west in north China like a gigantic dragon wriggling its way across deserts, grasslands and mountains. To either heads of state or ordinary people from every part of the world, it, being a wonder in the history of world architecture, stands high as the irresistible allurement. Many of its sections and passes have been designated by the Chinese government as key national cultural sites. In 1987 the Great Wall was inscribed in the list of the world cultural heritage by the UNESCO.

It took more than two millennia for the Great Wall to be completed, beginning from the seventh century BC, that is, during the Spring and Autumn and Warring States periods, when the dukes-Chu, Qi, Wei, Han, Yan, Qin, Zhao-constructed walls around their territories for self-defence. In 221 BC, after Emperor Qinshihuang unified China, he had the defense walls of Qin, Yan and Zhao linked, and new sections added, so that the Great Wall became a 5,0000km affair. Later dynasties continued to build on the Great Wall to ward off invasions by the northern nomads. However, the defensive walls built in different places and during different periods were not on the same line. The Great Wall continued to grow in length during the Qin (221-206BC), Han (206 BC-220) and Ming (1368-1644) dynasties. The wall as we see today was mostly built during the Ming Dynasty until it reached an awesome length of 5,660 kilometres, starting from Shanhai Pass in the east to Jiayu Pass in the west by way of Hebei, Beijing, Shanxi, Inner Mongolia, Ningxia, Shaanxi and Gansu.

In terms of designing and constructing, the Great Wall was a paragon of the resourcefulness of Chinese strategists and builders. Passes were built at places of strategic importance. Construction was carried out in line with local conditions and by drawing on local resources, so that knotty construction problems could be solved without compromising the Great Wall's defensive formidability. The wall hugs the contours of the terrain, and as it climbs up and down the mountains, it keeps changing in height and width and building material. Gate-towers are built atop the wall for guarding and lodging purposes, passes are found at spots of vital strategic importance, and signal towers are set at intervals so that smoke or fire signals were relayed to the army command in

Beijing in times of emergency.

 The Great Wall, a monumental landmark built by the Chinese of different ethnic backgrounds, has long fulfilled its historical mission. Today, it stands as a precious witness to history, and its value in culture, art, architecture and tourism seems to be multiplying.

 Spring comes and goes constantly, and several centuries seem to have passed in the twinkling of an eye. Those who have been to the Great Wall never fail to be captivated, encouraged and inspired by its splendour and charms as a masterpiece of man's great creativity. The Great Wall belongs to all those in this world who love it.

 Please remember this famous Chinese saying, "One who fails to reach the Great Wall would not be regarded as a hero."

万里の長城

 万里の長城は、中華民族精神のシンボルであり、中国古代人民勤勉と知恵の結晶であり、石兵器時代に一つ完全な軍事防御線である。現在、中国及び外国旅行者たちの探検、歴史を偲び、観光の名所となっている。

 長城は、東から西にかけて1万キロほどえんえんとつづき、一匹巨大な龍のように中国北部にうねうね起伏され、人類建築史上の奇蹟とは言える。長城は、世界の人々から憧れ、賛嘆され、また中国政府に国家重点文物保護先であると確認され、1987年に国連ユネスコにより世界文化遺産目録に組み入れられた。

 長城は、古代から現代に至り、二千年あまりひきつづき修築された。紀元前7世紀から長城の修築建設工事が始まり、それは中国歴史上の戦国時代までに遡る。当時楚、斉、魏、韓、燕、秦、趙等諸侯の国は、相互防御するため、各自の領土に城壁を修築し、その城壁が長いことで、長城と呼びられる。紀元前221年に、秦始皇が中国を統一した後、秦、燕、趙国北部の長城を連結し、ま

た新しい城壁もつくった。そこで、中国歴史上、初めての長城が誕生した。その後の歴代も北方遊牧民の侵入を有効に防備するため、長城を修築した。その内、秦代（紀元前221年〜紀元前206年）、漢代（紀元前206年〜紀元220年）、明代（1368年〜1644年）に修築された長城の長さがもっとも長く、いずれも1万キロを超えた。現在見られる長城は、ほとんど明代に築かれた。明代の長城は、東端の山海関から西端の嘉峪関まで河北、北京、山西、内モンゴル、寧夏、陝西、甘粛等7つの省、市、自治区に横たわり、長さは5660キロまで達し、長城発展の最盛期である。

　設計と工事において、長城は、当時の軍事家と施工者の知恵の現れである。城壁は、長城の主体工事であり、塀は山の地形にともなって築かれ、高さと幅が違い、建築材料もそれぞれ、極めて変化に富んでいる。同時に、規模と等級の異なる城、墩台、関所、烽火台（また烽燧、煙墩とも備允月 ）等が建てられた。高い城は敵楼と言い、見張りと住まいに使われ、低い城は塀台と言い、

軍兵巡邏する所である。関所はふつう急所を指し、軍事要地であり、烽火台は軍事情報の伝達に利用される。想像すれば、昼は煙で、夜は火で信号とする烽火台では、火が天を衝き、のろしが四方からあがり、瞬時各烽火台の間にはるか遠くから相呼応し、情報も速やかに城内に直通され、それはいかに壮観な場面であろう。

　長城は中国古代各民族により共同で築かれた記念碑として、その歴史的使命がもう既に果たされ、後代に残った長城に関する歴史、文化、芸術、建築、観光等貴重な価値は永遠に存在する。長城に訪れてくる人々は、長城に立ち寄ってとむらい、親しく見聞きし、この人類偉大な創造力現れの傑作に感動され、鼓舞され、及び啓発されない人は、誰もいないであろう。

　中国のこの名言を覚えていただきたい。万里の長城に到達しないと、好漢とは言えない。

La Grande Muraille

Symbole de l'esprit national de Chine, la Grande Muraille est crystal de l'intelligence et du labeur du peuple de Chine antique, elle constitue un système complet de défense militaire à l'époque d'arme froide et un site remarquable d'aventure, de nostalgie et de visite pour les touristes d'aujourd'hui chinois et étrangers.

Tout comme un grand dragon, la Grande Muraille serpente au nord de Chine, est-ouest une dizaine de milliers de li, donc constitue une merveille dans l'histoire de l'architecture de l'humanité et est admirée et apréciée des peuples du monde. Elle est une des «Principaux sites et monuments historiques dont le Conseil des Affaires d'Etat se charge de la conservation». En 1981, l'UNESCO l'a enregistrée dans le répertoire des patrimoines culturelles du monde.

La coustruction de la Grande Muraille a duré, du début à la fin, plus de deux mille ans. Sept siècles A.E., on a commencé la construction de la Grande Muraille. C'etait à l'époque des Royaumes Combattants, pour la défense mutuelle, les royaumes comme Chu, Qi, Wei, Han, Yan, Qin et Zhao, ont construit, sur leurs territoires, des murailles, nomées Grandes Murailles par leurs grandioses et longueurs.En 221 A.E., après l'unification de toute la Chine, Qinshihuangdi (Ier empereur) a fait relier les murailles du nord des Qin, Yan et Zhao, et a ajouté beaucoup de tronçons. C'est ainsi est aparu la première Grande Muraille de dix mille li. Ci-après,pour résister aux aggressions des nationalités nomades du nord, toute dynastie, toute époque ont construit des murailles. Les grandes murailles construites par les Qin (221 A.E.-206 A.E.), par les Han (206 A. E.-220) et les Ming (1368-1644) sont les plus longues,qui dépassent plus de dix mille li. Les murailles qu'on voit aujourd'hui sont surtout construites pendans la dynastie des Ming. La Grande Muraille des Ming traverse le Hebei, Beijing, le Shanxi, la Mongolie intérieure, le Ningxia,le Shaanxi et le Gansu, de la Passe de Shanhaiguan de l'est à la Passe de Jiayuguan de l'ouest, 5660 Km de long, qui était l'essor de la Grande Muraille.

A la conception et à l'exécution, l'a Grande Muraille a reflété l'intelligence des stratèges et des constructeurs de l'époque. Les murs sont des travaux principaux de la Grande Muraille, qui sont construits sur des montagnes de différentes hauteurs et largeurs, à différentes matières. A la muraille, sont construits des fortins, des passes, des tours de feu. Ce qui est en haut du fortin s'appelle poste de guet, pour le guet et l'habitation, ce qui est en bas s'appelle parapet, pour faire la sentinelle. La passe est fortification militaire, et nœux stratégique. La tour de feu est pour transférer des infos militaires. Imaginez, à la transmission des messages militaires, dans la journée par fumée, dans la nuit par feu, la fumée et le feu momtent dans le ciel, les tours répondaient l'une après l'autre, les messages sont ainsi communiqués à la capitale, quel spectacle, quel tableau!

La Grande Muraille, ce monument construit en commun par le peuple chinois dans l'antiquité, a rempli ses tâches historiques. Mais l'histoire, la culture, l'art, la construction de la Grande Muraille reste toujours dans le monde, ainsi, tout cela a créé des valeurs précieuses de tourisime. Pour tous ceux qui sont arrivés à la Grande Muraille, à la touche, à l'écoute, aucun n'est pas ébranlé,n'est pas encouragé et n'est pas inspiré par ce chef d'œuvre exprimant la grande créativité humaine.

Retenez bien cette fameuse sentence: on n'est point homme, à moins d'atteindre la Grande Muraille.

Die Große Mauer

Die Große Mauer ist der Symbol des chinesischen Volkes. Sie zeugt von dem Fleiß und der hohen Intelligenz der alten Werktätigen Chinas. In alten Zeiten war die Große Mauer eine fast uneinnehmbare Verteidigungsanlage, und heute ist sie eine der bekanntesten Sehenswürdigkeiten Chinas, die jährlich unzählige in- und ausländische Touristen anziehen.

Die Große Mauer schlängelt sich wie ein endloser Drachen vom Osten nach dem Westen Nordchinas. Im Volksmund soll ihre Länge 10 000 Li (1 Li = 500 m) betragen. Als ein Wunder in der Baugeschichte der Menschheit steht die Große Mauer in China als Schwerpunkt unter Denkmalschutz staatlichen Rangs. 1987 wurde sie von der UNESCO der UNO auf die Liste des Kulturerbes der Welt gesetzt.

Die Bauarbeiten an der Großen Mauer begannen im 7. Jahrhundert v.Chr. (während der Frühlings- und Herbstperiode) und dauerten mehr als 2000 Jahre. Damals bauten die Teilstaaten auf dem heutigen chinesischen Territorium wie Chu, Qi, Wei, Han, Yan, Qin und Zhao ihre eigene Mauer, um gegeneinander zu verteidigen. 221 v. Chr. wurde China vom Shi Huangdi des Teilstaates Qin vereinigt. Er ließ die einzelnen Mauern im nördlichen Teil der Teilstaaten Qin, Yan und Zhao miteinander verbinden und verlängern. Damit entstand die embryonale Form der heutigen Großen Mauer. In den folgenden Dynastien Chinas wurde die Große Mauer immer ausgebaut, damit man sich gegen die Überfälle der Nomaden aus dem Norden wehrte. Darunter leisteten dazu die Qin-Dynastie (221-206 v.Chr.), die Han-Dynastie (206 v.Chr.-220) und die Ming-Dynastie (1368-1644) die größten Beiträge. So war die Große Mauer in diesen drei Dynastien schon mehr als 10 000 Li lang. Das heute sichtbares Bauwerk stammte vor allem aus der Ming-Dynastie. Es beginnt beim Shanhaiguan-Paß im Osten und endet beim Jiayuguan-Paß im Westen. Auf einer Länge von 5660 km zieht sie durch die Provinzen Hebei, Shanxi, Shaanxi und Gansu, die Autonomen Gebiete die Innere Mongolei und Ningxia sowie die Hauptstadt des Landes Beijing. In der Ming-Zeit erreichte der Bau der Großen Mauer seinen Höhepunkt.

Die Große Mauer war nicht nur im Militärwesen, sondern auch in der Architektur von großer Bedeutung. Ihr Hauptteil wurde nach der Lage der Berge gebaut, darum sind die Baumaterialien, die Höhe und Breite an verschiedenen Abschnitten auch unterschiedlich. Zu diesem vereinheitlichen Wehrungssystem gehören noch zahlreiche Türme, Terrassen, Pässe und Alarmfeuertürme (Signalfeuerhügel). Die hohen Türme heißen Dilou, wo man wachte und wohnte, und auf den niedrigen, die Qiangtai genannt wurden, standen Soldaten Posten. Die Pässe waren strategisch sehr wichtig und durch die Alarmfeuertürme wurden Nachrichten bis in die Hauptstadt überbracht.

Heute spielt die Große Mauer militärisch keine Rolle mehr. Trotzdem sind alle Leute, die die Große Mauer besucht haben, sehr begeistert und bewundert über dieses majestätische Bauwerk.

Ein in China sehr bekanntes Sprichwort lautet: „Wer nicht auf der Großen Mauer gewesen ist, der ist kein rechter Kerl!"

La Gran Muralla

La Gran Muralla, símbolo del espíritu del pueblo chino y fruto de su inteligencia y laboriosidad, fue una completa fortificación militar de una época en la que aún no se usaban armas de fuego. Hoy en día es uno de los lugares turísticos que atrae a un mayor número de visitantes tanto chinos como extranjeros.

Como si de un gigantesco dragón se tratase, la muralla serpentea por el norte de China de este a oeste a lo largo de 10.000 kilómetros. Considerada una de las siete maravillas del mundo, ha despertado la curiosidad, el interés y la admiración de todo el planeta. La Gran Muralla, que figura en el catálogo de reliquias culturales claves bajo la protección del Gobierno chino, fue incluida en 1987 en el Patrimonio Cultural Mundial de la UNESCO.

Su construcción se inició en el Período de Primavera y Otoño (770-475 a.C.) y prosiguió en el Período de los Reinos Combatientes (475-221 a.C.). Durante esta prolongada época hubo en China siete reinos independientes: Chu, Qi, Wei, Han, Yan, Qin y Zhao. Para defenderse de las incursiones de sus vecinos, cada uno de estos reinos construyó sus propias murallas en terrenos de difícil acceso. En el año 221 a.C., el Reino de Qin conquistó a los otros seis estados y logró unificar toda China. Qin Shihuang, primer emperador de dicha dinastía, mandó unir las murallas levantadas por los reinos de Yan, Zhao y Qin en el norte del país y ordenó construir nuevos tramos. Desde entonces, la Gran Muralla entró a formar parte de la historia de China con el nombre de Muralla de los Diez Mil Li (dos li equivalen a un kilómetro), nombre que se ha conservado hasta hoy y sigue siendo usado por los chinos. Con el fin de protegerse contra las invasiones de los xiongnu (hunos), pueblo nómada del norte, las siguientes dinastías continuaron los trabajos de mantenimiento y reparación de la muralla. Las reparaciones de mayor envergadura se realizaron durante la dinastías Qin (221-206 a. C.), Han (206 a.C.-220) y Ming (1368-1644). La muralla existente fue reconstruida sobre la base original en tiempos de la dinastía Ming. Desde el paso Shanhaiguan, en el este, hasta el paso Jiayuguan, en el oeste, la Gran Muralla recorre más de 5,660 kilómetros de largo, atravesando cuatro provincias (Hebei, Shanxi, Shaanxi y Gansu), dos regiones autónomas (Mongolia Interior y Ningxia) y un municipio directamente subordinado al poder central (Beijing).

El diseño y la construcción de la Gran Muralla son un fiel reflejo de la inteligencia y la sabiduría de los estrategas y constructores de aquellos tiempos. Los muros, cuerpo principal de la obra, se construyeron aprovechando los contornos de las montañas y los valles; su altura y grosor, así como los materiales empleados variaban conforme a las características del terreno. Además de muros, a lo largo de la muralla se levantaron torreones, pasos estratégicos y atalayas. En la parte de arriba de los torreones se acomodaban los soldados que hacían las guardias. La principal función de atalayas consistía en dar la alarma. En caso de ataque, los vigías elevaban densas columnas de humo si era de día y encendían grandes fuegos si era de noche. Al ver estas señales, las atalayas cercanas inmediatamente hacían lo mismo y, de esta manera, la alarma se transmitía de atalaya en atalaya hasta llegar a Beijing, la capital. Inmagínate qué grandiosa la escena debe ser!

Aunque la Gran Muralla cumplió su misión hace ya mucho tiempo, su permanencia constituye para la humanidad un valiosísimo legado de histórico, cultural, artístico, arquitectónico y turístico.

Recuérda esta frase muy conocida en China: "Quien no sube a la Gran Muralla no es gran hombre."

Grande Muraglia

La grande muraglia, è simbolo sipiritivo della nazione cinese, i frutti dirigenti e saggi del popolo antico cinese, un intero sistema di difesa militare nell'epoca degli armi freddi, oppure il paesaggio incantevole dell'esplorazione, la mancanza dell'antico, e turismo dei viaggiatori contemporanei interi ed esteri.

La grande muraglia, estendo ininterrottamente i centomila Li dell'est all'ovest, come un grande dragone, sale serpeggiando nella settentrionale, chiamato un miracolo della storia edificatore umana, che desta profondamente ammirazione del popolo dei vari paesi. Essa è stata inserita dal governo cinese nella impresa della tutela dell'importante bene culturale del paese,e dall'UNESCO nella Lista del patrimonio cultruale mondiale.

Fin dai tempi più remoti ad oggi la costruzione della Grande Muraglia è durata oltre due mila anni. Nei sei secoli a.C, la Grande Muraglia era iniziata la sua progetto della costruzione. Nel periodo degli Stati Guerrieri della primavera e autonno, gli stati dei principi in epoca imperiale, ivi compresi Chu, Qi, Han, Yan, Qin, Zhao e così via, per difendere reciprocamente, costruivano respetitvamente la muraglia nel proprio territorio, data lunga lunghezza, chiamata la Grande Muaraglia. Dopo nel 221 a.C.l' imperatore Qi shihuang unificava la Cina, collegava la Grande Muraglia nel nord di Qin, Yan,e Zhao, aggiungendo i molti settori delle zone, perciò nasce la prima Grande Muraglia di centomila Li. Dopo questo, le precedenti dinastine e generazioni, per difendere efficientemente l'aggressione della popolazione nomade, hanno costruito la Grande Muraglia. In cui sono più lunghe le lunghezze delle Grandi Muraglie costruita dalle tre dinastie di Qin(221-206a.C, Han(206-220 a.C), Ming(1368-1644), superando centomila Li. Oggi tutta la Grande Muraglia che la gente vede è edificata nella dinastia Ming. La Grande Muraglia della dinastia Ming trascorre dal principio la Forte Shan Haiguan nell'est, alla fine la Forte Jia Yuguan, attraverso le sette povincie, città, regioni autonome del Hebei, Pechino, Shannsi, intera mongolia, Ningxia, Shansi, Gansu, con la lunghezza pari a 5,660 km, raggiugendo la vertice dello svliluppo della Grande Muragia.

Nel corso del disegno e la costruzione, la Grande Muraglia presenta la saggezza intelligente della militare e costruttori in quel momento, e le mura costruisce il progetto del soggetto della Grande Muraglia. Le mura ricca di varietà con l'ondulazione della montagna sono costruite, diversi alto e basso, largo e stretto, e differenti le materie della costruzione. Nel frattempo, si sono costrutite il castello, la tribuna, la fortezza, la torre di segnalazione con le differenti dimensione ai versi livelli. L'alto castello si è chiamato la torre nemica, per sorvegliare e alloggiare,il basso quello si è chiamata la tribuna, dove i soldati fanno la sentinella. Il passo di frontiera, costituisce generalmente una arteria della gola, ed una importante fortezzaù; la torre di segnalazione serve per trasmettere la stazione bellica. Prova a pensare, con il fumo del giorno ed il fuoco di ieri come la segnalazione, c'è la fiamma vivida eccelsa al cielo, il fumo disterco di lupo in tutte le direzioni nella torre di segnalazione, in un istante, le informazioni sono trasmesse direttamente alla capitale dello stato, che una grandiosa pittura.

La Grand Muraglia, un monumento edificato comunemente dal popolo delle varie nazionalità nell'antica Cina, ha ormai completo il compito storico. Oggi il suo prezioso valore storico, culturale, artistico, edificatore, turistico che si è riservato per le generazioni posteriori, esiste per sempre nel mondo. Tutta la gente che è salito la Grande Muraglia e ha rievocato toccando le mura, sentendo e vedendo, si sentono in vibrazione, incoraggiamento, ispirazione.

Rimembri questo famoso detto cinese:senza salire sulla Grande Muraglia, non è i veri cinesi!

長城

長城은 중화민족의 정신적인 상징이며 중국 고대 인민의 근로와 지혜로 만들어진 냉 무기시대의 완벽한 군사 방어체계이며 현대적인 여행자들은 탐험, 추억, 관광하는 명승지입니다.

長城은 중국의 동쪽부터 서쪽까지 굽이굽이 만리 (중국의 2 리=1km) 이며 한 마리 거대한 龍과 같이 중국 북방 대지에서 굽이굽이 起伏하여 인류 건축사에서의 기적으로, 세계 각국 인민의 흠모와 감탄을 많이 받았습니다. 중국정부가 나라의 중점 문화재로 지정하였으며 1987 년에는 유네스코가 세계문화의 유산목록으로 인정하였습니다.

長城은 예전부터 지금까지 2000 년 동안 지속적인 보수건설을 해왔습니다. 기원전 7 세기부터 장성을 구축하는 공사를 시작하였습니다. 그 당시는 중국의 春秋戰國시대였으며 당시에 楚, 齊, 魏, 韓, 燕, 秦, 趙등 諸侯國들은 서로 방어하기 위하여 각자의 영토주변에 성벽을 건설하였고 그의 길이가 가장 길기 때문에 장성이라고 해왔습니다. 기원전 221 년 秦始皇이 중국을 통일한 후에 秦, 燕, 趙나라 북쪽의 성벽을 연결하여 또 연장해서 중국역사적으로 최초의 萬里長城이 형성하였습니다. 그후에 여러 나라가 북방 遊牧민족의 침략을 방어하기 위하여 계속 보수하고 건설하였습니다. 그 중에 秦나라 (기원전 221-기원전 206 년), 漢나라 (기원전 206-기원 220 년), 明나라 (1368-1644 년) 때에 구축한 장성들이 가장 길었고 모두 萬里를 초과하였습니다. 지금 볼 수 있는 장성은 거의 다 明나라때에 건설하였든 것입니다. 明나라의 장성은 동쪽의 山海關부터 시작하여 서쪽의 嘉峪關까지 河北, 北京, 山西, 內蒙古, 寧夏, 陝西, 甘肅등 7 개의 省, 도시, 自治區를 거쳐 총 길이가 5660km 이며 만리장성의 발전역사에서 최고로 발전되었습니다.

長城은 설계와 시공에서 당시의 軍事家와 시공자의 지혜를 표현하고 있으며 성벽은 장성의 주체적인 공사로 벽체가 산줄기에 따라 높거나 낮거나 넓거나 좁게 건설하였으며 다양한 건축자재를 이용해서 변화가 매우 풍부합니다. 동시에 규모와 계급이 다른 城堡, 墩臺, 關口, 烽火臺 (峰燧, 煙墩이라고도 함) 등을 건설하였습니다. 높은 城堡는 敵樓라고 하고 망을 보거나 초소와 숙소로 사용하였으며 낮은 城堡는 牆臺라고 하고 병사의 초소로 이용하였습니다. 關隘는 보통 요충지로 군사 要塞로 보고 있습니다. 峰火臺는 군사 정보를 전달하는데 이용되었습니다. 생각해보세요. 낮에는 연기로, 밤에는 불로 봉화대에서 봉화나 연기 신호로 서로 호응하여 순식간에 소식을 바로 京城에 전하는 모습이 얼마나 웅장하였겠습니까?

長城은 중국 고대 각 민족들이 함께 구축한 기념비적인 건물이고 그의 역사적인 사명도 벌써 완성되었습니다. 후대에게 장성에 관한 역사, 문화, 예술, 건축, 관광 등의 귀중한 가치는 영원히 남아있을 것입니다. 長城에 가본 모든 사람들은 장성을 쓰다듬고 추억하며 보고 듣는 것들은 인류의 위대한 창조력을 표현하는 이 傑作에서 모두 震撼, 鼓舞, 啓發을 받았습니다.

다음과 같은 하나의 중국명언을 기억하세요. 장성에 가지 못하면 사나이가 아닙니다. (不到長城非好漢!)

八达岭长城

　　八达岭长城在居庸关北，距北京60余公里，因地处交通要道，四通八达，故名八达岭。

　　八达岭长城的关城始建于明弘治十八年（1505）。东西各建关门一座，东关门刻有额题"居庸外镇"，西关门额题为"北门锁钥"。一条大道连接两门，地势非常险要，可谓"一夫当关，万夫莫开"。有人形容，居庸关是古代北京的门户，八达岭就是门户上的铁锁。

　　登上八达岭关城，远眺南北峰敌楼、墙台，长城蜿蜒在崇山峻岭之上，如巨龙奔腾，景象壮观。城墙高大坚固，平均城高7.8米。墙基用五百多公斤重的巨大花岗岩条石砌成，墙顶可容五马并进，十人并行。城墙外侧建有垛口，供巡逻瞭望之用，射击孔可以射箭。每隔500米左右设有敌楼、墙台，用于住宿、存放兵器和放哨守城。

　　八达岭四季分明，春如花海，夏拂清风，秋似血染，冬披银装，一派塞外风光。

Badaling Section of the Great wall

A rich cultural heritage mingles with natural beauty at Badaling, situated north of Juyong Pass and 60 kilometres from Beijing.

This section of the Greaat Wall was built in 1505, or the 18th year of the Hongzhi reign of the Ming Dynasty. Agatetower stands at either side of the pass. A horizontal board hanging above the eastern gate is inscribed with the wording which means "A Town Outside Juyong Pass", and another board hanging above the western gate says, "The Lock on the Northern Gateway". A road links the two gates, and the place looks so thrilling that one man alone could keep 10,000 enemy soldiers at bay. It is believed that in ancient times while Juyong Pass was the gateway to Beijing, Badaling was the lock on this gate.

The top of Badaling provides a general view of the surroundings. Watchtowers and battlements are seen on the mountains south and north. The Great Wall threads its way through a jumble of mountains like a giant dragon. The wall here is tall and sturdy, at an average height of 7.8 metres, and stands on a base built of huge granite slabs, each weighing more than 500 kilogrammes. The top of the wall is wide enough for five horses or 10 men walking abreast. Crenellations are built atop the outer wall for observational purposes, and there are also embrasures to facilitate the shooting of arrows.

Watchtowers and battlements are built at 500metre intervals, where soldiers took up their lodgings, stored their weapons and keep guard.

The climate at Badaling is marked by four distinct seasons. In spring the place is taken over by a riot of flowers; in summer the wind blow gentle and soothing; in autumn, the mountains are dyed crimson by autumn leaves; and in winter the entire place puts on a thick snow mantle. Visitors to Badaling may also visit the Great Wall Museum and go to a local cinema to learn something about the history of the Great Wall.

八達嶺長城

　八達嶺長城は、居庸関北部に位置し、北京から60キロあまり離れ、交通要地にあり、四通八達であることにより、八達嶺と名づけられた。

　八達嶺長城の城は、明代弘治十八年（1505年）に建て始めた。東西にそれぞれ関門が設け、東関門の横額に「居庸外鎮」、西関門の横額に「北門锁钥」と題されている。一本の道路が二つの門をつなぎ、地勢も非常に険しく、さすが「一夫関に当たれば、万夫も開くなし」と言われたほどのものである。居庸関は古代北京の玄関とすれば、八達嶺は玄関の鍵だという比喩があった。

　八達嶺長城の城に上って、南北嶺の敵楼、塀台を遠くから眺めて長城が高い山と険しい峯にえんえんとつづき、巨龍が疾走しているごとき、景観が壮観である。城壁が壮大堅固で、城壁の高さは平均7.8メートルである。塀台は500キロほどの巨大な花崗岩の切石で積み重ねられ、塀の上に5頭の馬が同時進行し、10人が平行することができる。城壁の外側に弓射口がつくられ、巡邏と見張り、また弓を射るために使われる。500メートル置きに敵楼と塀台が設け、住まい、兵器小屋及びパトロールに使われる。

　八達嶺は、四季がはっきりし、春が花の海のように、夏が涼風すずしく、秋がもみじ満開、冬が真っ白の世界で、果てしない塞外の風光である。

La Grande Muraille de Badaling

　　Située au nord de la Passe de Juyongguan, à plus 60 Km de Beijing, elle se trouve dans un réseau de transport, où la communication est facile, donc s'appelle Badaling (Montagne en trafic dans toute direction).

　　Le fortin de la muraille est construite en 1505 (18 ans de Hongzhi des Ming). A l'est et à l'ouest du fortin, sont construites deux portes. Sur le paneau d'inscription est écrit «Juyong Waizhen»(Poste extérieur de Juyong), sur le paneau d'inscription ouest est écrit «Beimen Suoyue»(Clef de la Porte Nord). Un chemin relie les 2 portes, où le site est très escarpé et important vraiment comme «même si un pion à la passe,dix mille pions ne peuvent y passer». Tout comme on dit, Juyongguan est la porte de Beijing antique, tandis que Badaling en est la serrure forte.

　　Quand on monte sur le fortin de Badaling, en regardant les tours, les fortins et la muraille serpentant sur les faîtes des montagnes, on croit que la Grande Muraille s'envole comme un dragon géant, on voit un paysage grandiose, un paysage splendide ! Le mur est haut et solide, 7,8 m de haut en moyenne. La base est maçonnée avec des pierres cuboïdes de plus de 500kg, et 5 chevaux ou 10 personnes peuvent marcher parallèlement. A l'exterieur de mur, il est prévu des postes de guet, pour faire le guet, et des trous, pour tirer des flèches. Il y a des fortins,des parapets, pour l'habitition, le stockage d'armes et la sentinnelle.

　　Badaling a 4 saisons claires : au printemps, les fleurs sont comme une mer, en été, le vent frais souffle, en automne, les feuilles sont rouges comme trempées de sang et en hiver, tout est couvert d'habits argentés. Tout est règné d'un paysage d'au-delà de la Grande Muraille!

Badaling

Der Abschnitt Badaling liegt nördlich des Juyongguan-Passes und mehr als 60 km von Beijing entfernt. Da er über günstige Verkehrsbedingungen verfügte, so war es zu seinem Namen gekommen. Denn Badaling bedeutet auf deutsch „von allen Seiten zugänglich".

Der Badaling-Paß wurde 1505 in der Ming-Dynastie gebaut und hat ein West- und ein Osttor. Beide Tore sind durch einen breiten Weg verbunden. Am Osttor hängt eine horizontale Tafel mit der Inschrift „Juyong Waizhen" und am Westtor mit der Inschrift „ Beimen Suoyao". Badaling war eine strategisch so wichtige Stellung, dass wenn ein Soldat den Paß verteidigte, konnten ihn zehntausend nicht nehmen. Ist der Juyongguan-Paß das Tor der alten Stadt Beijing, kann Badaling als Schloß daran angesehen werden.

Badaling

Auf dem Badaling kann man einen schönen Blick auf die sich wie ein endloser Drachen schlängelnde Große Mauer werfen. Die Mauer beim Badaling ist durchschnittlich 7,8 m hoch. Ihre Grundlage wurde aus großen Granitsteinen gebaut. Jeder solche Stein ist mehr als 500 kg schwer. Auf der Mauer können fünf Pferden oder zehn Menschen Seite an Seite stehen. An der Außenseite der Mauer sind Zinnenlücken und Schießscharten zu finden. Alle 500 m gibt es einen Turm, in dem man Wachdienst machte, Wohnte oder Waffen unterbrachte.

Bei Badaling sind die vier Jahreszeiten klar abgegrenzt und die Landschaft in jeder Jahreszeit eigene Schönheit.

Al norte del paso de Juyongguan, a 60 kilómetros de Beijing, se encuentra el tramo de muralla llamado Badaling, nombre derivado de su condición de nudo de comunicaciones.

La ciudad de Badaling comenzó a construirse en el decimooctavo año del reinado de Hongzhi, de la dinastía Ming (1505). Las dos puertas de la ciudad, la del este y la del oeste, llamadas respectivamente Juyong Waizhen (aldea fuera de Juyongguan) y Beimen Suoyue (Cerradura del norte), están conectadas por el único camino que conducía a la ciudad de Beijing. Por ello, la gente decía que el paso de Juyongguan era la puerta de Beijing y que Badaling era su cerradura.

Desde lo más alto de Badaling, puede divisarse la Gran Muralla serpenteando sobre las cumbres de las montañas como si fuera un dragón gigantesco suspendido en el aire. Los muros del tramo de Badaling son muy fuertes y su altura media es de 7,8 metros; la calzada, cuya anchura permitía el paso simultáneo de cinco caballos o diez soldados, se pavimentó con enormes losas de granito rectangulares de más de media tonelada. A lo largo de los muros exteriores se construyeron almenas utilizadas para vigilar y disparar flechas. Cada 500 metros se construyeron atalayas para alojar a los soldados, guardar armas y hacer guardia.

En Badaling las estaciones son muy marcadas: mar de flores en primavera; aire fresco en verano; hojas rojas en otoño; y mundo nevado en invierno.

Grande Muraglia di Badaling

La Grande Muraglia di Badaling si trova nel nord della Fortezza di Juyongguan, a distanza di circa 60 chilometri da Pechino, dato che si trova in un punto strategico che conduce in tutte le direzioni, si chiama la collina Badaling.

Nel 1505 la fortezza della Grande Muraglia era iniziata a costruire. Ci sono rispettivamente un porto nell'est e l'ovest, che sul porto settentrionale è iscrivuto il tema "la cittadina fuori la Fortezza di Juyongguan", sul porto occidentale "la chiava del porto settentrionale". Si collega i due porti con una strada, un difficile accesso, può dire che una persona che guarda un passo, centomila persone che non possono attraversarla.

La gente dice vivacemente:la Fortezza di Juyongguan è un porto dell'antica Pechino,e la collina di Badaling è una serratura sul porto.

Salendo la Grande Muraglia di Badaling, si guardano lontano dall'alto le torri segnalazione, le mura in cima alle montagne meridionali e settetrionali, e la Grande Muraglia si contorce sui scoscesi monti, come un grande dragone galoppare andare a tutta velocità per il cielo, che è un grandioso paesaggio. Le alte e solide mura è una altezza di 7,8 metri. Il fondo delle mura è edificato con grosse sbaratte di granito, sulle mura i cinque cavalli possono attreversare contemporaneamente, anche le dieci persone possono attraversare. Nelle mura ci sono le merature, servendosi per pattugliare e guardare da lontano, le feritoie per gli arcieri. Ogni circa cinque cento metri, ci sono la torre per la difesa dei nemici, la tribuna, servendo per alloggiare, depositare gli armi, pattugiare e diffendere la fortezza. Nella collina di Badaling fa una distinazione fra le 4 stagioni, alla primavera e' alla maniera del mare di fiori, all'estate una brezza mi accarezza il vaso, all'autonno e' come tingere in blu, e all'inverno si drappeggia in abbigiamento di neve, che e' un pasaggio nella zona nord della Grande Muraglia.

八達嶺長城

八達嶺長城은 거용관의 북쪽에 있고 북경까지 60 여 km 이며 교통 요새에 위치한 사통팔달 때문에 팔달영이라고 불러왔습니다.

八達嶺長城의 관성은 明나라 弘治 18 년 (1505 년) 에 건설하였습니다. 동쪽과 서쪽에는 하나씩 성문을 만들어서 동쪽문 위에 "居庸外鎭", 서쪽문 위에 "北門鎖钥"이라는 편액을 달고 있습니다. 하나의 거리로 2 개의 문을 연결시키고 지세가 매우 험하여 한 사람이 지키면 만 명의 병사도 열지 못한다는 말이 있습니다. 그래서 어떤 사람이 거용관은 북경의 대문, 팔달영은 문에 있는 자물쇠라고 하였습니다.

八達嶺의 관성 위에 올라가서 남, 북쪽에 있는 峰敵樓와 牆臺를 바라보면 장성은 산줄기에 따라 산꼭대기에 구불구불하게 뻗어나가고 내달리고 있는 거대한 龍과 같이 매우 웅장합니다. 성벽이 높고 매우 견고하며 평균 높이는 7.8m 입니다. 성벽의 기초는 무게가 500 여ц의 화강암으로 쌓았고 성벽 위에 5 개 마차가 혹은 10 명의 사람이 동시에 갈 수 있습니다. 성벽의 바깥쪽에 있는 垛口는 순찰과 망을 보도록 사용하고 사격구멍에서 활을 쏠 수 있습니다. 500m 마다 하나씩 敵樓와 牆臺를 건설하여 주로 숙소, 초소와 무기를 보존하는 역할을 하였습니다.

八達嶺의 사계절은 매우 뚜렷는하며 봄에 꽃의 바다, 여름에는 서늘한 바람이 불고, 가을에는 붉게 물들며 겨울에는 하얀 실크 옷을 입어 진짜 塞外의 경치입니다.

八达岭长城雪景
Badaling in winter
八達嶺長城雪風景
Badaling en neige
Der Abschnitt Badaling im Winter
Paisaje de nieve en Badaling
il paesaggio nevoso della Grande Muraglia di Badaling
八達嶺長城의 눈 경치

长城雄姿
The Great Wall in majestic appearance
長城の雄大な姿勢
Vue magnifique de la Grande Muraille
Das imponierende Aussehen der Großen Mauer
Aspecto majestuoso de la Gran Muralla
l'aspetto maestoso della Grande Muralgia
長城의 씩씩한 모습

森严壁垒
A great defense work
ものものしい防備
Outre les rangs parfaits à l'é gal de Muraille

Die stark befestigte Große Mauer
Defensa firme como un bastión
la severa barriera
벽이 튼튼하고 경계가 삼엄하다

巍巍长城
The imposing Great Wall
巍巍たる長城
La Grande Muraille majestueuse

Die hoch aufragende Große Mauer
La grandiosa Muralla
la torreggiante Grande Muraglia
아스라한 長城

八达岭长城夜景

Artificial lighting gives the wall at Badaling a nighttime appearance of a stairway to heaven

八達嶺夜景

Vue &octurne de Badaling

Der Abschnitt Badaling bei Nacht

Paisaje nocturno de Badaling

il paesaggio della notte della Grande Muraglia

八達嶺長城의 야경

八达岭长城金秋
Badaling in autumn
八達嶺長城錦秋
Automne d'or de la Grande Muraille à Badaling
Die schöne Herbstlandschaft beim Badaling
Otoño en Badaling
l'autonno d'oro della la Grande Muraglia di Badaling
八達嶺長城의 가을

莽莽雪原，银装素裹

A snowy scene

茫々たる雪原、銀色に包まれている

Couvrie de neige, parée de rouge, drapée de blanc

Die vom Schnee bedeckte Große Mauer

Mundo nevado

la lussureggiante nevaio, con l'argento abbiggimento e
il trucco di colore chiaro

눈에 덮인 들판, 은으로 장식한 듯

八达岭长城

Geeat Wall Badaling

八達嶺長城

La Grande Muraille de Badaling

Der Abschnitt Badaling beim Sonnenuntergang

La caída del sol en Badaling

Grande Muraglia di Badaling

八達嶺長城

居庸关

居庸关位于北京昌平区境内，距北京50多公里。该关处于两山夹峙的关沟之中，是绝险的关隘，为北京西北的重要屏障。

居庸关城两侧高耸的山峰上筑有城墙与关城相连。关城设南北门，南门筑有瓮城。居庸关历来为兵家必争之地。元太祖成吉思汗（1162～1227)曾留下征战的足迹。在关城内，元至元五年（1268）建有用汉白玉砌成的云台，工艺精致，门洞内刻有四大天王浮雕，六种文字的《陀罗尼经咒》（计有梵、藏、八思巴、维吾尔、汉、西夏文），洞壁还雕有佛像二千余尊，是现存元代雕刻艺术的杰作。

关沟长20余公里，林木蔽天，景色优美，著名胜景"居庸叠翠"就在这里。

Juyong Pass

Juyong pass in Changping County is more than 50 kilometres from downtown Beijing. Situated in a ravine hemmed in between two mountains, it provides impregnable protection to northwest Beijing.

Walls descend from the top of mountains on both sides of Juyong Pass to link with the stronghold of Juyong Pass, a bone of contention between warring strategists of bygone days. Two gates are built into the pass, and a walled-in enclosure is built at the southern gate. Genghis Khan, or Emperor Taizu of the Yang Dynasty, had once been here during one of his many battles. Inside the Pass is a marble platform, finely built in 1268, or the fifth

year of the Zhiyuan Reign of the Yuan dynasty. Inside the passage way under the platform are the bas-relief sculptures of the four Heavenly Kings, and Buddhist incantations in Sanskrit, Tibetan, Mongolian, Uygur, Han and Xixia. Niches are scooped into the wall that are enshrined with more than 2,000 Buddhist sculptures done during the Yuan Dynasty.

The gully in which the pass stands stretches 20 or so kilometres. It is heavily wooded, and the scenery is captivating. A famed scenic spot, known as "Juyong Verdure", is right situated here.

居庸関

居庸関は、北京市昌平県内に位置し、北京から50キロあまり離れている。この関所は二つの山の間に挟まれ、極めて険しい関所として、北京北西あたりの重要な障壁である。

居庸関両側に聳え立つ峰の上に城とつながっている城壁が築かれている。城に南門と北門が設け、南門に隅やぐらが建てられた。居庸関は昔から兵家の争う地である。元太祖チンギスカン（1206年～1228年）がここで戦った跡をが残している。城内に、元年～元五年（1268年）白い岩石で建てられた雲台があり、工芸が精緻で、門内に四大天王の浮彫が立って、六種類文字の「陀羅尼経咒」（梵、藏、八思馬、ウイグル、漢、西夏文字）が残って、洞窟に仏像が2000本も立って、現存している元代彫刻芸術の傑作である。

関所は、長さ20キロで、林木が天を遮って景色が美しく、有名な「居庸叠翠」がここにある。

La Passe de Juyongguan

Etant à 50 km de Beijing, la Passe de Juyongguan se trouve dans le district de Changping de Beijing. Cette passe qui, se situe dans la vallée de passe entre les deux montagnes, est une passe absoluement abrupte, et coustitue une importante barrière au nord ouest de Beijing.

Sur les faîtes des montagnes des deux côtés de la passe de Juyongguan, la muraille relie la passe. Le fortin de la passe a la porte sud et celle nord, à la porte sud, il y a une cité close. La Passe de Juyongguan est depuis toujours un point stratégique militaire. Taizu des Yuan Gengis Khan (1206-1228) y a laissé des traces de combats. En 5 ans des Yuan (1268), est construite la

Terrasse des Nuages (Yuntai) en marbre blanc, d'un style extrêmement fin. Sur les murs de la Terrasse, sont sculptés les 4 rois célestes en bas relief, le fameux soûtra «Tuo Luo Ni Jing Zhou» en six langages (sanskrit, tibétain, basma, ouïgour, chinois et tangout) et plus de 2 000 bouddhas, qui constituent des chefs-d'œuvres de sculpture existants de la dynastie des Yuan.

Der Juyongguan-Paß

Der Juyongguan-Paß liegt im Kreis Changping im Vorort Beijings und mehr als 50 km von Beijing entfernt. Da er sich im Tal zwischen zwei Bergen befindet, war er für Beijing ein wichtiger Schutzwall im Nordwesten.

Auf den Bergen zu beiden Seiten des Juyongguan-Passes hatte man Mauern gebaut, die diesen Paß mit anderen Abschnitten der Großen Mauer verbinden. Juyongguan hat ein Nord- und ein Südtor. Vor dem Südtor liegt eine kleinere Schutzmauer. Früher war Juyongguan strategisch sehr wichtig. Der erste Kaiser der Yuan-Zeit (1206-1228) Dschingis Khan hatte sich dort aufgehalten. Im Juyongguan-Paß ist eine feine

El paso de Juyongguan

hohe Plattform aus weißem Marmor zu finden, die 1268 gebaut wurde. Im Tordurchgang gibt es Reliefs der Vier Himmelskönige und kanonische Schriften des Buddhismus in sechs Sprachen (Sanskrit, Tibetisch, Basima, Uigurisch, Han-Chinesisch und Xixia). Außerdem sind an der Wand mehr als 2000 buddhistische Statuen aus der Yuan-Dynastie auf den heutigen Tage erhalten geblieben.

Die Felsenschlucht Guangou ist über 20 km lang und dicht bewaldet. Dort kann man schöne Landschaft genießen.

A 50 kilómetros de Beijing, dentro del distrito de Changping, se encuentra el paso de Juyongguan, encajonado en un valle de 20 kilómetros formando una importante defensa para el noroeste de Beijing.

A ambos lados del paso y a lo largo de la cumbre de las montañas serpentean muros que forman parte de la Gran Muralla. La ciudad establecida junto a este paso tiene una puerta norte y una puerta sur. También en este lugar, siempre muy disputado por los estrategas, dejaron huella las conquistas de Genghis Khan, el primer emperador de la dinastía Yuan. En la ciudad hay una plataforma de mármol blanco muy bien trabajada sobre la que se levanta un torreón; en las paredes de éste se representan esculpidos en relieve los cuatro guardianes celestiales y sutras budistas en seis escrituras (fan, tibetano, basima, uygur, han y xixia); en los nichos distribuidos alrededor de los relieves hay más de 2.000 estatuas de budas. Este alarde arquitectónico y escultórico es digno de considerarse una obra maestra de la dinastía Yuan.

Fortezza di Juyongguan

La Fortezza di Juyongguan, situata nei confini della cittadina di Changping di Pechino, a distanza di oltre 50 chilometri da Pechino. La Fortezza si trava nella burrone fra i due monti, ed è un punto di importanza strategica, e un importante Paraveno proterrivo nel nord-ovest della città.

In cima dei sovrastanti monti ai due lati della Juyongguan si collega le mura con la Fortezza. La Fortezza ha instaurato i porti settentrionali e meridionali, al proto meridionale c'è una interna cittadina. La Fortezza di Juyongguan è da sempre un luogo che strategli nell'antica Cina devono disputare. Il fondatore della Dinastia Yuan Gengis Khan (1206-1228) aveva lasciato la traccia di guerra. Nella Fortezza, dal 1263 al 1268, c'era una tribuna di Yuantai del rafinato artigianto edificata con il marmo bianco, nella via d'accesso ci sone le sculture ad altorilievo dei 4 grandi protetori celesti, il Gyrocompass con le sei lingue(includono il sanscrito, il tibetano, il balinese, il scritto dell'uygur, il cinese, il scritto della Dinastia Xia occidentale), inoltre più o meno statue di Budda, tutto il questo costituisce i capolavori esistenti dell'arte scultoreo della Dinastia Yuan.

La lunghezza della burrone è circa venti chilometri, che gli verdi alberi nascondono il sole, ed il paesaggio è dolce, il famose paesaggio che la Fortezza Juyongguan è coperta dal strato verde su strato sta qui.

居庸關

居庸關은 北京市 昌平區내에 위치하고 있으며 북경 시내까지 50km 가 조금 넘습니다. 이 관은 2개가 서로 대치하고 있는 산사이의 협곡에 서 있어 매우 험한 關隘이며 북경의 서북쪽에 있는 중요한 障屛입니다.

居庸關의 양측 높은 산에 있는 성벽은 關城과 연결되어있습니다. 關城에는 남문과 북문이 있고 남문에는 甕城이 있습니다. 거용관은 예전부터 병가가 쟁취하는 곳입니다. 元太祖 成吉思汗 (1206-1228) 은 여기에서 싸우는 발자국들이를 남아 있습니다. 關城안에는 元나라 至元 5 년 (1268 년) 에 漢白玉으로 쌓은 雲臺가 있으며 그의 공예가 정교하고 문안에 통로의 벽에서 4 대 천왕을 조각하여 6 가지의 문자 (梵, 티베트, 八思馬, 위구르, 漢, 西夏) 로 <陀羅尼經咒>와 2000 여 개의 불상을 새기고 있어서 지금 있는 元나라시대 조각예술의 걸작입니다.

關 도랑의 길이가 20km 이상으로 되고 나무가 하늘을 막아서 경치가 매우 아름답기로 유명한 "居庸疊翠"는 바로 여기입니다.

居庸关城内现存一元代过街塔基座, 俗称云台。云台用白色大理石砌成, 下基宽 26.84 米, 进深 17.57 米, 台高 9.5 米, 正中开一石券门, 门道可通车马。

Inside the Juyong pass remains the platform of a Yuan-dynasty pagoda that used to sit astride a street. The 9.5-metre-tall platform, built of white marble, is 26.84 metres wide at the base and 17.57 metres long. There is a passageway in the centre of the platform to facilitate traffic.

居庸関城内に元代の過街塔台座が残って、俗称は雲台と言う。雲台は、白い大理石で積み重ね、台の基に幅 26.84 メートル、深さ 17.57 メートル、台の高さ 9.5 メートルで、真ん中に石門が設け、馬車が通過できる。

Dans le fortin de la Passe, il reste une embase de Pagode traversant la rue, appellée Yuntai, Terrasse des Nuages. Elle est bâtie en marbre blanc, de 26,84 m en bas, 17,57 m en profondeur et 9,5 m de haut , au milieu est construite une porte voûtée, en marbre aussi, où peuvent passer les voitures à cheval.

Im Juyongguan-Paß gibt es einen Unterteil einer Pagode aus der Yuan-Dynastie, der im Volksmund Yuntai heißt. Yuntai ist aus weißem Marmor gebaut. Er ist 26,84 m lang, 17,57 m breit und 9,5 m hoch. Durch den Bogen in der Mitte Yuntais kann eine Pferdekutsche passieren.

Otra reliquia cultural conservada hasta hoy es Yuntai (la Plataforma de las Nubes), también de mármol blanco, cuya base tiene 26,84 metros de largo, 17,57 de ancho y 9,5 de alto. En su centro se abre una puerta por la que se pasaban carruajes y caballos.

La Fortezza Juyongguan esiste un fondo della pagoda per passare, chiamata generalmente tribuna di Yuantai. Questa tribuna è costruita dal marmo bianco, la larghezza del fondo pari ai 26,84 metri, la profondiatà pari 17,57 metri, in mezzo di questo si apre un arcata di pietra per il corrente incessante di cavalli e carri.

居庸關 성안에 元나라시기의 길을 건너가는 塔基座가 있는데 보통 雲臺라고 부릅니다. 운대는 하얀 대리석으로 쌓고 밑 기초의 너비가 26.84m, 폭이 17.57m, 높이가 9.5m 이며 가운데 문이 있고 마차가 통과할 수 있습니다.

居庸关长城一景
The Great Wall at Juyongguan
居庸關長城の一風景
Une Vue de Juyongguan

Die Große Mauer beim Juyongguan-Paß
Una vista parcial en Juyongguan
un paesaggio della Grande Muraglia
居庸關長城경치의 하나

"燕京八景"之一"居庸叠翠"

One of the "Eight Sights in Yanjing" known as "Piled Greens at Juyongguan"

「燕景八景」の一つとしている「居庸重なり合った翠」

Un des 8 paysages de la capitale «Juyongguan en Verture»

„Juyong Diecui", eine der acht bekannten Landschaften beim Gebirge Yanshan

Uno de los Ocho Paisajes de Beijing —verdes amontados en Juyongguan

uno degli otti paesaggi di Yan, la Fortezza Juyongguan è coperta dal strato verde su strato

"居庸疊翠"는 燕京 8 경치의 하나

慕田峪长城

　　慕田峪长城在北京市怀柔县西北20公里处，这里植被丰富，草木茂盛，果树成林，林木覆盖率达百分之九十以上。慕田峪长城大都保存完好，为明隆庆三年（1569）重修。墙体多建于墙外山势陡峭、墙内比较平缓的地段，这样便于防守。慕田峪长城敌楼密集，样式奇特，结构富于变化。墙顶两边都建有垛墙，防御工程极为完善。西北高山之巅修建的长城，依据其形态地势，起名为"牛犄角边"、"箭扣"、"鹰飞倒仰"等独特的景观名，实为慕田峪长城之奇观。

Mutianyu Section of the Great Wall

Mutianyu, 20 kilometres to the northwest of Huairou County, is situated where vegetation is luxurious and over 90 percent of the land is covered with grass, forests and fruit trees. This section of the Great Wall, mostly in good conditions, was rebuilt in 1569, or the third year of the Longqing reign of the Ming Dynasty. Outside the wall the mountains are steep while within the wall the land is gentle. There is a close cluster of watchtowers in unique shapes and diverse structures. Parapets stand on the upper edge of inner and outer walls to form a complete defense work that hugs the contour of the terrain as the Great Wall descends in a series of escarpments. Scenic spots include Bull's Horn Ridge, Arrow Nock, and Eagle Flying Belly Up.

A comfortable and safe cableway has been built to whisk tourists up and down the Great Wall. When US President Clinton and his wife visited Mutianyu on June 28, 1998, he was so impressed by the Great Wall snaking its way across the mountains like a titanic dragon that "Amazing, amazing." was all he could say at the moment.

慕田峪長城

　慕田峪長城は、北京市懐柔県北西20キロあたりの所に位置し、ここに植物が多く、草木が繁茂し、果樹が林となり、林木の面積が90％以上に達する。慕田峪長城はほとんど完全に保存され、明代隆慶三年（1569年）に改築したものである。防備する目的で、塀体の大部分は、塀外の地勢がきりとり、塀内に比較的平坦な地帯に建てられている。慕田峪長城に敵楼が密集し、姿も奇特で、構造が多様である。塀上の両側に凸城壁がつくられ、防備工事が極めて完璧である。北西高山の嶺に修築された長城は、その姿により「牛犄角辺」、「箭扣」、「鷹飛倒仰」等独特の景観名が名づけられ、慕田峪長城の奇観とする。

La Grande Muraille de Mutianyu

La Grande Muraille de Mutianyu se trouve à 20 Km au nord ouest du district Huairou de Beijing. La végétation est riche, les herbes et arbres sont abondants, les arbres fruitiers forment des bois, le taux de couverture végétale atteint plus de 90%. La Grande Muraille de Mutianyu qui est pour la plus part bien conservée, a été restaurée en 1569 (3 ans de Longqing des Ming). Les pans sont souvent construits sur des tronçons où l'extérieur est raide, l'intérieur est doux, pour faciliter la défense. Les fortins de la muraille de Mutianyu sont plus nombreux, dont les formes sont particulières, les structures sont variées. En haut de mur sont construits des postes de guet, les travaux de défense sont partaits. Les murs qui sont construits aux sommets des montagnes au nord ouest selon le relief, s'appellent «Côté de corne de Bœuf» «Viseur d'Arc» «Aigle volant sur le Dos», ces noms particuliers sont extraordinaires décrivant les paysages merveilleux de la Grande Muraille de Mutianyu.

Mutianyu

Der Abschnitt Mutianyu liegt nordwestlich des Kreises Huairou und 20 km von Beijing entfernt. Dort wird es mehr als 90% bewaldet. 1569 wiederaufgebaut, ist Mutianyu im Großteil gut erhalten. Die Mauer wurde an den sanft geneigten Stellen mit steilen Wänden gebaut, was für die Verteidigung sehr günstig war. Die Türme auf dem Mutianyu stehen dicht und haben eine eigenartige Form. Die Zinnenlücken sind zu beiden Seiten der Mauer zu finden. Weil viele dortigen Strecken auf dem Gebirge im nordwestlichen Teil nach den Geländeverhältnissen gebaut wurden, geben ihre Formen viel Phantasie. So ist es zu ihren Namen wie z. B. „Fliegender Adler" gekommen.

Mutianyu

A 20 kilómetros al noroeste del distrito de Huairou está situada la Muralla de Mutianyu, donde crecen frondosos bosques y se cultivan árboles frutales. El porcentaje de cobertura forestal llega al 90 por ciento. La mayoría de la muralla de Mutianyu se ha conservado bien y fue reparada en el tercer año de Longqing (1569) de la dinastía Ming. Los muros se levantaron a lo largo de bordes de laderas mientras que dentro de los muros no tiene nada de peligro. La topografía favorecía la defensa. Las atalayas de Mutianyu se construyeron comparativamente concentradas y con diversifidad de formas y estructuras. A ambos lados de la muralla hay almenas y su obra de defensa es perfecta. Como muchos sectores se construyeron en lugares de difícil de acceso y encadenaron cumbres muy ondulantes, se crearon paisajes peculiares, como la "flecha", el "águila en picado" y el "cuerno de toro".

Grande Muralglia di Mutianyu

La Grande Muraglia si trova nell'ovest-nord della cittadina di Huarou a Pechino a distanza di venti chilometri, qui ci sone le ricche piante, le frondose erbe e alberi, gli alberi da frutta come una foresta, ed il tasso della copertura della foresta ha superato il 90 per cento. La maggior parte della Grande Muraglia di Mutianyu e' rimasto intatto, che e' ricostruita nel 1596. Le mura sono costruite nei precipitosi monti, facile da diffedere. Nella Grande Muraglia di Mutianyu le torri per la difesa di nemici sono affollate, la sua forma strana, , ricche della variabilita'. Ai due lati delle mura ci sono le merature, il progetto della difesa e' ben attrezzato. La Grande Muraglia alla vertice dell'alto monte, secondo la

慕田峪長城

sua configurazione, i nomi dei paesaggi chimati la corna del bue, la freccia e il falco.

Nella gola della fortezza di Mutianyu, composta dalle tre tribune in posizione affiancata. Nelle mura nel sud delle tribune, si apre il porto nelle mura settentrinali, come la canale d'entrata e uscita, ed è rara la strana modellazione nel merzzo di altre fortezze lungo la linea della Grande Muraglia. Secondo la sua topografia, i strani paesaggi si chiamano il corno, la freccia, il falco, essendo veramente i miracoli della Grande Muragli Mutianyu.

慕田峪長城은 북경시 懷柔縣의 서북쪽 20O에 있습니다. 여기는 식물이 풍부하여 나무가 무성하고 과수원도 많고 녹지가 90%이상 차지하고 있습니다. 모전욕장성은 지금 거의 그대로 유지하고 있으며 明나라 隆慶 3 년 (1569 년) 에 復舊한것입니다. 壁體는 밖에 절벽이고 안에 平坦하는 곳에서 쌓여져 있어서 防守하기에 편리합니다. 모전욕장성에 敵樓가 밀집되어 양식이 독특하며 구조 변화가 많습니다. 벽의 꼭대기양측에 牆垜가 있어서 방어공사는 완벽하게 만들었습니다. 서북 높은 산꼭대기에 있는 장성은 지세의 변화에 따라서 "牛犄角邊", "箭扣", "鷹飛倒仰"등으로 이름이 붙여진 모전욕장성의 특징적인 경관입니다.

慕田峪长城
Mutianyu Section of the Great Wall
慕田峪長城
Vue de la Grande Muraille de Mutianyu
Der Abschnitt Mutianyu
La Gran Muralla en Mutianyu
la Grande Muraglia di Mutianyu
慕田峪長城

慕田峪关口处，由三座楼台并列组成，楼台南侧城体开有城门，作为关内外通道，其造型奇特，为长城沿线其它关口所少见。

Zhengguantai, situated at the entrance to Mutianyu, consists of three terraced towers, with a gate opened into the southern side of the platform to provide entrance to south of the Great Wall. It is a unique construction in the whole passes of the Great Wall.

慕田峪関所に三つの楼台で成り立って、楼台南端の城に関門が設け、関所内外の通路とし、その造型が奇特で長城その他の場所でめったに見られないものである。

La bouche de Passe de Mutianyu est composée en parallèle de 3 pavillons. Au sud des pavillons, est ouverte une porte à un pavillon, qui sert le passage entrée-sortie de la passe dont la forme est rare le long de la Grande Muraille.

Der Mutianyu-Paß besteht aus drei nebeneinanderliegenden Türmen und einem Südtor, was eine Seltenheit gegenüber anderen Pässen auf der ganzen Strecke der Großen Mauer ist.

La entrada de Mutianyu está compuesta por tres torres igualadas. En la torre del sur se abre una puerta puerta muy peculiar, pues su forma no se ve en otros pasos a lo largo de la Gran Muralla.

Nella zona della fortezza di Mutianyu, è composta dalle tre tribune, si apre il porto nelle mura del sud delle tribuna, come il passaggio interno e estero, ed è rara la strana modellazione nelle altre fortezze luogo la linea della Grande Muraglia.

모전욕의 관문에 3 개가 나란히 서있는 누대를 조성하여 누대 남쪽의 성문은 관내와 관외의 통로이며 그 造型은 장성의 沿線에서 거의 보이지 못한 것입니다.

慕田峪长城雪景
Mutianyu in winter
慕田峪長城雪風景
La Grande Muraille en neige
Die Schneelandschaft beim Mutianyu
Paisaje nevado en Mutianyu
il paaesaggio nevoso della Grande di Mutianyu
慕田峪長城의 눈 경치

"箭扣"长城位于慕田峪长城西北。长城建于危岭之上，险峻无比。

"Arrow Nock". As the name suggests, this part of the Great Wall looks like hanging precariously at the edge of a sheer cliff.

箭扣長城は、慕田峪長城北西に位置する。長城は険しい峯に修築され、類比することがないほどくきりとっている。

Le «Viseur d'Arc» se trouve au nord ouest de la muraille de Mutianyu. La Muraille qui est construite en haut des montagnes,est incomparablement abrupte.

Der Abschnitt Jiankou liegt ebenfalls nordwestlich vom Mutianyu. Weil er sich auf einem steilen Gipfel befindet, ist er sehr schwer aufzusteigen.

La "flecha" se construyó en montañas abruptas. Es un sector muy peligroso.

la Grande Muraglia della freccia, si trova nall' ovest-nord della Grande Muraglia, situata sulla

箭扣장성은 모전욕의 서북쪽에 있고 험한 산에 건설하였습니다.

金山岭长城

　　金山岭长城位于北京市密云县与河北省滦平县交界处，距北京120公里。城关始建于明洪武十一年（1378），后由明代著名将领谭纶和戚继光重修。

　　金山岭长城气势雄伟，视野开阔；建筑坚固、多样，敌楼密集，一般60米至200米就有一座。打仗时火力交叉，可以起到互相支持的作用。在敌楼两侧的墙上，建有一道道高2.5米的障墙，障墙上设有射击孔，这样，即使敌人攻上长城，士兵也可以凭借障墙，进行节节抵抗。此外，这里还建有拦马墙、垛墙、空心敌楼、库房楼等，皆为金山岭长城所特有。

Jinshanling

Jinshanling is situated 120 kilometres from Beijing, where the boundaries of Miyun County of Beijing and Luanping County of Hebei cross. Its name was derived from the greater and lesser Jinshan Watchtowers on the Great Wall. The pass on this section of the Great Wall was first built in 1378, and later rebuilt by Tan Lun and Qi Jiguang, who were generals of the Ming Dynasty.

The Jinshanling section of the Great Wall towers magnificently over a broad vista of the surroundings. The buildings are solid and come in diverse forms. There is an impressive array of watchtowers at intervals of 60 and 200 metres so that in the event of war the soldiers on guard could come to each other's aid. A 2.5-metre-tall parapet, with embrasures built into it for shooting and observational purposes, stands atop the walls on both sides of a watchtower, so that even if the enemy had mounted the Great Wall, the defenders could still put up a resistance. The horse-refraining walls, crenellations, hollow watchtowers, and warehouse towers, are all unique in the Jinshanling section of the Great Wall.

金山嶺長城

　　金山嶺長城は、北京市密雲県と河北省対県の堺にあり、北京から120キロ離れている。関所は明代洪武十一年(1378年)に建て始め、後になって明代有名な将軍矛滞及び戚継光により改築された。

　　金山嶺長城は、素晴らしい勢いで、視野が広い。建築が堅固で多様であり、敵楼が密集され、ふつう60～200メートル置きに一基があり、戦争時火力が交差して相互支援の役割が果たされる。敵楼両側の塀に2.5メートルの障壁が多数くつくられて障壁に射撃孔が開けられ、敵が長城に迫ってきても兵士が障壁に拠り少しずつ抵抗することができる。ほかにここに馬をさえぎる塀、凸城壁、空心敵楼、倉庫等が建てられ、みんな金山嶺長城だけ独特なものとする。

La Grande Muraille de Jinshanling

Située à la frontière du district Miyun de Beijing et du district Luanping du Hebei, la Grande Muraille se trouve à 120 km de Beijing, le fortin de la passe est construit au début en 1378 (11 ans de Hongwu des Ming), reconstruit par les généraux connus Tan Lun et Qi Jiguang des Ming..

La Grande Muraille de Jinshanling est magnifique et grandiose, à large vue. Les constructions sont solides et variées. Les postes de guet sont nombreux, en général, à interval de 60-200 m. Aux combats, les feux se croisaient, ainsi, se soutenaient. Sur les murs de fortins des deux côtés, sont construits des parapets de 2,5 m de haut, sur lesquels il n'y a pas de trous de tir, avec les parapets-écran, même si les ennemis montaient sur les montagnes, les soldats pouvaient résister avec. En plus, sont construits uniquement ici des murs contre chevaux, des murs-pile, des fortins creux, des forts-dépôt etc. Ces constructions sont uniques pour la Grande Muraille de Jinshanling.

Jinshanling

120 km von Beijing entfernt, liegt der Abschnitt Jinshanling an der Grenze zwischen dem Kreis Miyun Beijings und dem Kreis Luanping der Provinz Hebei. Sein Bau begann 1378 und wurde später von den bekannten Generalen der Ming-Zeit Tan Lun und Qi Jiguang erweitert.

Jinshanling besitzt eine imposante Majestät und ein weites Blickfeld. Auf seiner massiven Mauer gibt es alle 60 bis 200 m schon einen Turm, der über zwei 2,5 m hohen Mauern mit zahlreichen Schießscharten verfügt, um auf die Feinde, die schon auf der Mauer gewesen waren, zu schießen. Außerdem gibt es beim Jinshanling viele eigenartigen Bauten wie z.B. Mauern mit vorspringenden Teilen.

Jinshanling

En la frontera común del distrito de Miyun (Beijing) y el distrito de Luanping (Hebei), y a 120 kilómetros de distancia de Beijing, se encuentra la Jinshanling. Su construcción se inició en el undécimo año del reinado de Hongwu (1378) de la dinastía Ming y luego fue reconstruido continúamente por Tan Lun y Qi Jiguang, famosos generales de dicha dinastía.

Las atalayas de Jinshanling, sólidas y de estructura variada, se levantan a cada 60 o 200 metros. En caso de ataque, los fuegos podían cruzarse y apoyarse mutuamente. A ambos lados de las atalayas se construían muros de obstáculo de 2,5 metros de alto con troneras. De este modo, aun cuando los enemigos subieran a la muralla, los soldados porían seguir defendiéndose gracias a la protección que les ofrecían los muros. Se construyeron además muros de obstáculo para caballos, atalayas huecas, torres para el depósito de municiones, etc.

Grande Muraglia di Jinshanling

La Grande Muraglia si trova nell'aero delle confini comuni fra le cittadine di Muyun a Pechino e di Luanping della provincia del Hebei, a distanza dei 120 chilometri dalla capitale. Nel 1378 la Grande Muraglia era iniziata a costruire, poi i famosi generali Tan Lun e Qijiguang della Dinastia Ming l'ha ricostruito.

Sull'imponente Grande Muralgia du Jinshanling, si possono godere l'ampia vista, e ci sono solidi edifici, le stipate delle torri per la difesa dei nemici, in generale una torre ogni 60-120 metri. In guerra, l'intersezione

金山嶺長城

della potenza del fuoco può svolgere un ruolo dgli appoggi reciproci. Ai due lati delle mura, erano edificati gli ostacoli dell'altezza di 2,5 metri, e negli ostacoli ci sono le feritoie per gli arcieri, anche se i nemici salgano nella Grande Muraglia, i soldati faranno assegnamento sugli ostacoli a resisterli consecutivamente. Inoltre qui sono edificati la mura per impedire i cavalli, le meratule, le torre vuota, il palazzo per deposito e così via, tutto questo è le caratteristiche della Grande Muraglia di Jinshanling.

　　金山嶺長城은 북경시 密雲縣과 하북성　平縣의 경계에 있고 북경까지 120km 입니다. 城關은 明나라 洪武 11 년 (1378) 에 처음 지었고 明나라의 저명한 장군 譚綸과 戚繼光이 다시 건설하였습니다.

　　金山嶺長城은 기세가 웅장하고 시야가 넓으며 건물은 굳세고 다양한 敵樓가 밀집하여 보통 60~200m 마다 하나씩 있습니다. 싸움할 때 화력이 교차하여 서로 지원하는 역할을 합니다. 敵樓 양옆에는 벽에서 높이가 2.5m 의 장애벽을 만들어서 그

장애벽에는 사격구멍이 있고 적들이 장성에 올라와도 병사들이 이 장애벽을 기대하여 계속 저항할 수 있습니다. 더불어　馬牆 (말을 막는 벽),　牆, 빈 敵樓, 창고 등이 있는데 모두 금산영장성에 특징적인 것입니다.

城墙顶部外侧连续凹凸的齿形小墙, 称垛口。垛口用于观察敌情, 垛口下的小孔用于射击来犯之敌。

The crenellations atop the outer wall of the Great Wall were for observational purposes, while the embrasures below them enabled soldiers on guard to shoot at the invaders.

城壁上部外側にでこぼことなっている歯型の小能は弓射口と言う。弓射口は敵の様子を観察することに使われ、孔は敵を射撃するため使われる。

En haut de muraille, il y a des créneaux, pour faire la sentinelle et pour tirer sur les envahisseurs par des trous sous les créneaux.

Zu beiden Seiten auf der Mauer gibt es regelmäßige Zinnenlücken zur Beobachtung der Feindlage, unter denen viele Schießscharten zu finden sind.

En los muros exteriores hay almenas por las que se observaba la situación del enemigo y troneras situadas debajo de almenas desde las que se lanzaban flechas.

Le piccole mura concave e convesse della Grande Muraglia si chiamano le merature, per osservare la situazione nemica e sparare.

성벽꼭대기에 오목한 것과 볼록한 것은 口라고 부르며 적정을 관찰하는 역할을 하며 밑에 있는 작은 구멍은 적에게 사격하는 역할을 합니다.

金山岭长城视野开阔，敌楼密集，地势险要。

The Jinshanling section of the Great Wall provides a general view of the terrain, and watchtowers are clustered in places of strategic importance.

金山嶺長城は、視野が広く、敵楼が密集して地勢が険しい。

A la Grande Muraille de Jinshanling, la vue est étendue, les fortins sont nombreux, le relief est escarpé.

Jinshanling hat ein strategisch wichtiges und schwer passierbares Gelände mit einem weiten Blickfeld. Dort stehen die Türme auf der Mauer hochkonzentriert.

Jinshanling tiene un amplio horizonte.

Nella Grande Muraglia di Jinshanling si gode un' ampia vista, le torri infollate, l'aspetto terreno precipitoso.

金山嶺長城은 시야가 넓고 敵樓가 밀집하고 지세가 험합니다.

气势磅礴的金山岭长城
The Jinshanling section of the Great Wall
勢いのすばらしい金山嶺長城
L'impétueuse Grande Muraille de Jinshanling

Der Abschnitt Jinshanling mit seiner imposanten Majestät
La majestuosa muralla en Jinshanling
la Grande Muraglia con l'illimitato forza morale della
기세가 드높은 金山嶺長城

障墙，可供士兵抗击敌人

Parapet on the Great Wall, designed for soldiers on guard to ward off attacking enemies

障壁、敵を抵抗するのに用いられていた

Parapets-écran, les pions pouvaient résister avec aux ennemis

Die Schutzmauern, hinter denen Soldaten Widerstand gegen die Aggressoren leisteten

Muros de obstáculo

gli ostacoli per difendere i nemici da parte dei soldati

장벽은 병사들이 적을 반격으로 사용한다

古北口长城

古北口长城位于北京密云县北部，是燕山山脉南北交通的要冲。其背依盘龙、卧虎二山，南接青风、叠翠二岭。有潮河由北向南穿关而过。主体城墙将盘龙、卧虎二山连成一线，十分奇险。明洪武十一年（1378）大将徐达重修古北口长城。这里是万里长城战事繁多的关隘之一，曾有过多次著名的战役。

在古北口南山坡上建有一座宋代名将杨业祠，是全国众多的杨业祠中修建较早的一座。

Gubeikou Section of the Great Wall

Gubeikou in north Miyun County provides vital access to a road that runs south and north across the Yanshan Mountains. With the Panlong (coiling Dragon) and Wohu (crouching Tiger) mountains in the background, this section of the Great Wall is linked to the Qingfeng (Green Wind) and Dicui (Piled Verdure) peaks. The Chaohe River runs across the wall from north to south. The main section of Gubeikou knits the Panlong and Wohu mountains into an integral whole to form an impregnable fortification. In1378, or the 11th year of the Hongwu reign of the Ming Dynasty, General Xu Da had this section of the Great Wall rebuilt. Few sections have seen as many battles as Gubeikou. Some of the battles are rather famous in Chinese history.

On the southern mountain slope of Gubeikou stands a temple dedicated to Yang Ye, a famous Great Wall garrison general of the Song Dynasty. There are quite a few temples in China dedicated to this general, but this one at Gubeikou is perhaps the earliest.

古北口長城

古北口長城は、北京密雲県北部に位置し、燕山山脈南北交通の要塞である。その後ろに盤龍と卧虎二つの山に寄り、南に青風と叠翠二つの峯に接する。南北縦横の川が通っている。主体城壁により盤龍と卧虎二つの山を一線にし十分険しい。明代洪武十一年(1378 爛)下蔚軍刻絞互古北口長城を改築した。ここが万里の長城戦争の多い関所の一つとして数回著名な戦役が行った。

古北口南山に宋代将軍楊業祠が建てられ、全国数多く楊業祠中にわりと早くできた祠の一つである。

La Grande Muraille de Gubeikou

Située au nord du district Miyun de Beijing, la Grande Muraille est un nœud important de communication sud-nord dans la Chaîne Yanshan. Elle s'appui des montagnes Panlong (Dragon en Nœud) et Wohu (Tigre couchant) et relie les 2 montagnes Qingfeng (Vent Vert) et Diecui (Vert Supposé), où la rivière Chaohe y traverse du nord au sud de la passe. Le mur principal qui enchaîne les 2 montagnes Panlong et Wohu, fait un paysage escarpé. Restaurée et reconstruite en 1378 (11 ans de Hongwu des Ming) par le général connu Xu Da, la Grande Muraille de GubeiKou était une des passes où il y avait pas mal de combats, des combats très connus s'y sont passés.

Sur la pente sud de Gubeikou, est construit un sanctuaire à la mémoire du grand général Yang Ye des Song, qui est un des plus sanctuaires comparables dans le pays tout entier.

Gubeikou

Der Abschnitt Gubeikou liegt im nördlichen Teil des Kreises Miyun von Beijing. Er ist der Verkehrsknotenpunkt zwischen dem Süden und dem Norden des Gebirges Yanshan. Im Rücken von Gubeikou sind die Berge Panlong und Wohu, und im Süden von Gubeikou, nämlich vor ihm, gibt es die Berge Qingfeng und Diecui. Der Fluß Chaohe fließt vom Norden nach dem Süden durch diesen Paß. Der Hauptbau der Mauer verbindet Panlong mit Wohu. In der Ming-Dynastie ließ der General Xu Da 1378 den Abschnitt Gubeikou wiederaufbauen. Beim Gubeikou geschahen viele bekannten Schlachten.

Am südlichen Berghang vom Gubeikou gibt es einen Tempel für den bekannten General Yang Ye aus der Song-Dynastie, der gegenüber anderen Tempel für Yang Ye ganz früh gebaut wurde.

Gubeikou

Situado en el norte del distrito de Miyun (Beijing), Gubeikou es nudo de comunicaciones que une el norte y el sur de la cordillera de Yanshan. Con dos montañas Panlong (dragón descansando) y Wohu (tigre yacente) a las espaldas une por el sur las sierras de Qingfeng y de Diecui. En el undécimo año del reinado de Hongwu (1378) de la dinastía Ming, el general Xu Da reconstruyó Gubeikou. Fue uno de los pasos donde se libraron más batallas.

En la ladera sur de Gubeikou se levanta el templo de Yang Ye, famoso general de la dinastía Song. Es uno de sus numerosos templos que se levantaron temprano.

Grande Muraglia di Gubeikou

La Grande Muraglia di Gubeikou si trova nel nord della cittadina di Miyun a Pechino, costruendo un punto strategico della trafficio dal sud al nord della catena di montagne Yanshan. Si appiggia ai due monti del dragone e la tigre, a sud a è confina con le due colline del Qingfen ed il Diechui. Il fiume Chaohe attraversa la fortezza dal nord e al sud. I principali mure collegano una linea con i due monti del dragone e la tigre, molto scorcese. Nel 1378, il generale Xu Da ha ricostruito la Grande Muraglia di Gubeikou. Qui è uno delle fortezze delle frequenti guerre della Grande Muraglia, ci sono tante famose battaglie.

Sulla collina meridionale di Gubeikou era edificata un tempio ancestrale del generale Yang Ye della Dinastia Song, relativamente antico uno nei molti tempi ancestrali di Yang Ye in tutto il paese.

古北口長城

古北口長城은 북경시 密雲縣의 북쪽에 있고 燕山 山脈 남북교통의 중요한 지점입니다. 뒤에 盤龍과 臥虎이라는 산을 기대하고 남쪽에 青風과 疊翠이라는 산까지 연결되고 있습니다. 潮河이라는 강이 성벽을 꿰들고 빠져나갑니다. 성벽의 주체가 盤龍과 臥虎이라는 산을 하나의 선으로 연결시켜 매우 험한 지세를 이루고 있습니다. 明나라 洪武 11 년 (1378) 에 徐達장군은 古北口長城을 다시 건설하였습니다. 여기는 만리장성에서 전쟁이 많은 關隘중의 하나이며 여러 저명한 전역들이 발생하였습니다.

古北口의 남산에는 宋나라의 유명한 장군 楊業의 사당이 있으며 전국에서 여러 楊業의 사당 중 가장 먼저 지어졌습니다.

河北鹿皮关长城

The Great Wall at Lupiguan

鹿皮關長城

La Grande muraille de Lupiguan

Die Große Mauer, die in Lupiguan

La muralla de Lupiguan en la provincia de Hebei

Grande Muraglia di Lupiguan nella provincia del Hebei

河北성에 있는 鹿皮關長城

黄崖关长城

　　黄崖关长城，位于天津市蓟县迤北30公里处，距天津市100多公里。黄崖关长城始建于北齐天保七年（556），明代隆庆年间（1567～1572），又包砖大修。全段长城建在陡峭的山脊上。这里墙台敌楼、边城掩体、水关烟墩、古寨营盘等各项防御设施完备，关外数千米处有一圆形敌楼名凤凰楼，高23米，直径16米，系用"砌以砖石"的古老办法建成。正关八卦城易守难攻。

Huangya Pass

　　The Huangya Pass of the Great Wall stands 30 kilometres north of Jixian County and 100 kilometres from Tianjin. It was originally built in 556, the seventh year of the Tianbao reign of the Northern Qi Dynasty. In 1567, during the Longqing reign of the Ming Dynasty, the pass underwent major repairs and the wall was lined afresh with bricks.This section of the Great Wall with its watchtowers, battlements and barracks and moated defense works, is built on sharp mountain ridges. The entire structure looks majestic, formidable, precarious and elegant all at once. A round watchtower named phoenix Tower is 23 metres in height and 16 metres in diameter, and built of brick and stone in a traditional way, It stands several thousand metres outside the pass as a menacing sight in the eyes of invaders. South of the pass is China's first Great Wall museum.

黄崖関長城

　黄崖関長城は、天津市薊県北部30キロの所に位置し、天津市から100キロあまり離れる。黄崖関長城は、北斉天保七年(556年)に建て始め、明代隆慶(1567)年間にまた大規模な改築が行った。長城の全部はきりとっている岩壁につくられる。ここが塀台敵楼、町えんたい、関所煙台、町兵営等の各防備設備が揃え、関所の外から数千メートルの場所に丸型な敵楼が鳳凰楼と言い、高さ23メートル、直径16メートルで、「井戸や壁がれんがで造る」と言う古い方法を用いてつくられた。正関はっけ城は守りやすく、攻めがたい。

La Grande Muraille de Huangyaguan

　Située à 30 km du district Jixian de Tianjin, la Grande Muraille de Huangyaguan se trouve à 100 km de Tianjin. La Grande Muraille de Huangyaguan est construite en 556 (7 ans de Tianbao des Qi du Nord), et restaurée en 1567 (de Longqing des Ming) et est revêtie de briques. Tous les murs sont construits sur des faîtes escarpées. Les installations de défense, comme fortins de guet, abrit, fumigènes, restes de caserne, sont très complets. Hors la passe, à des milliers de m, il dresse un fortin de guet. Appelé «Tour de Phénix», 23 m de haut, 16 m de diamètre, assemblé de pièrre et de briques, d'un procédé antique.Le fortin de la passe est appelé «Cité de 8 Trigrammes», qui est facile à défendre mais difficile à attaquer.

Huangyaguan

　Huangyaguan liegt 30 km nördlich vom Kreis Jixian und mehr als 100 km von der Stadt Tianjin entfernt. Dieser Abschnitt wurde 556 während der Nördlichen Qi-Dynastie gebaut und 1567 in der Ming-Zeit mit Ziegelsteinen ausgebaut. Die ganze Strecke liegt auf steilen Bergrücken und war mit zahlreichen Türmen und anderen Anlagen ein vollständiges Verteidigungssystem. Ein paar km entfernt ist ein runder Turm namens Phönixturm zu sehen. Er ist 23 m hoch und hat einen Durchmesser von 16 m. Der Hauptbau ist der Paß Baguacheng, der in alten Zeiten leicht zu verteidigen und schwer einzudringen war.

Huangyaguan

　Huangyaguan está 30 kilómetros al norte del distrito de Jinxian, a más de 100 kilómetros de la ciudad de Tianjin. Se construyó en el séptimo año del reinado Tianbao (556) de la dinastía Qi del Norte y fue sometida a una importante restauración durante el reinado de Longqing, de la dinastía Ming. Está equipado con completas instalaciones de defensa, como atalayas, blindajes, cuarteles, almenas y parapetos. A pocos kilómetros metros del paso se levanta la torre del Fénix, una torre circular de 23 metros de alto y 16 metros de diámetro. Toda la ciudad del paso representa un dibujo de bagua (los Ocho Diagramas), forma que facilita la defensa y dificulta la conquista.

Grande Muralgia di Huang'aiguan

　La Grande Muraglia di Huang'aicheng si trova nella zone a distanza di 30 chilometri dalla cittadina di Jin a Tianjing, a distanza di oltre 100 chilometri da Tianjing. La Grande Muraglia di Huang'aiguan si iniziera a edificare nel 557 e il 1567. Tutta la grande Muraglia di Huang'aiguan sale serpeggiando sulla precipitosa spina del monte. Qui le installazioni per la difesa, ivi compresi le torre per la difesa dei nemici, sono complete. Fuori la fortezza nella zona a distanza di mila metri c'è una circolare torre, chiamandosi il palazzo di fenice, che è edificato con l'antica misura. La fortezza di fronte è facile di difendere e difficile di attaccare.

黄崖關長城

　黄崖關長城은 天津市 薊縣의 북쪽 30km 에 이르고 천진 시내까지 100km 입니다. 황애관장성은 北齊 天保 7 년(556)에 처음 지어 明나라 隆慶(1567)년에 다시 벽돌로 쌓아지었습니다. 이 장성은 험한 산꼭대기에 건설하였습니다. 여기는 牆臺樓閣, 邊城掩體, 水關煙墩, 古寨硬盤등 각종 방어시설들이 완벽합니다. 관의 밖에 수천 m 에서 하나의 원형 敵樓가 있는데 鳳凰樓라고 하며 높이 23m, 직경이 16m 이고 "甃以磚石"의 전통적인 방법으로 건설되었습니다. 正關 八卦城은 방어하기가 쉽고 공격하기는 매우 어렵습니다.

司马台长城

位于北京市密云县北部的司马台长城，距北京120公里，是扼守古北口长城东部的重要关口。始建于北齐年间（550～577），明万历年间（1573～1619）重修。它修建在燕山峰巅之上，地势险峻，建筑奇特。城墙有单面墙、双面墙、梯形石墙；敌楼有两层、三层、扁形、圆形；顶部有平顶、船篷顶、穹隆顶，所以有"长城建筑之最"的美誉。

这段长城素以"险"著称。长城建筑在陡峭如削的峰巅危崖之上。被称为"天桥"的长城攀伏于岩脊上，仅有40厘米宽；被称为"天梯"的长城，几乎建在达九十度的山崖上，看了都让人瞠目，可见其峻险和奇特。

司马台长城还有两座著名的敌楼。一座叫"望京楼"，屹立在海拔近千米的山巅。登上望京楼，夜间可远眺北京城灯火。这里的城砖还刻有烧制年代及营造城砖士兵部队的番号。另一座名"仙女楼"，建筑精巧，并流传有许许多多美好的传说。

Simatai Section of the Great Wall

Simatai, located in the north of Miyun County 120 kilometres from Beijing, holds access to Gubeikou, a strategic pass in the eastern part of the Great Wall. It was originally built during the Northern Qi Dynasty (550-577) and rebuilt during the Wanli reign of the Ming Dynasty (1368-1644). This section of the Great Wall hangs precariously onto the Yanshan Mountains. Its structure is unique in that it contains single and double walls and assumes a trapezoidal shape. The watchtowers are round or oblate in shape and composed of two or three floors. Their roofs are varied as well-some are flat, some look like the awning of a boat, and the others are domed. The Simatai section of the Great Wall stands out as the most fascinating example of architecture along the entire Great Wall.

司馬台長城

Thrilling are the sights of Simatai, which is poised on the brow of a razor-sharp cliff, and narrows down to a mere 40 millinetres centimetres at a place known as "Heavenly Bridge", The "Sky Ladder" leans against a mountain slope with a 90-degree gradient.

Simatai is also known for its two major watchtowers. Wangjinglou, or "Beijing-Watching Tower", sits atop a peak nearly 1,000 metres above sea level, with lights in downtown Beijing shimmering faintly in the distance. The walls here are built of bricks stamped with the dates on which they were made and the code numbers of the armies who made them. Xiannulou, or Angel's Tower, is exquisite in structure and famed in fable and history.

司馬台長城は、北京市密雲県北部に位置し、北京から120キロ離れ、古北口長城東部を守る重要な関所である。司馬台長城は、北斉(550年)に建て始め、明代万歴年間(1573年)に改築された。それは燕山嶺頂上に修築し、地勢が険しく建築が奇特である。城壁は単面塀、双面塀、台形塀があり、敵楼は二階、三階、ぺしゃんこ形、丸型があり、上部に平ら天井、船型天井、アーチ型天井があることで、「長城建築代表」と言う美称がある。

このあたりの長城は、「険しい」ことで有名である。長城がきりとっている峯の上に修築される。「天橋」とい言われる長城が岩壁上によじ登り、わ

ずか40センチの幅である。「天梯」と言われる長城は、ほとんど九十度の山のがけにつくられ、見ても目をぱちくりさせられ、その険しさと奇特さが言うまでもないであろう。

司馬台長城のほかに、また有名な敵楼が二つある。一つは「望京楼」と言い、標高1000メートルぐらいの嶺に聳え立つ。望京楼に上って夜になって北京城の灯火を見られる。ここの城壁れんがに焼く年代とれんがをつくる兵士軍隊の番号が刻まれている。もう一つは「仙女楼」と言い、建築が精巧で、またたくさんの美しい伝説が伝わっている。

La Grande Muraille de Simatai

Située au nord du district Miyun de Beijing, la Grande Muraille se trouve à 120 km de Beijing, et est une passe étranglant l'est de la Grande Muraille de Gubeikou. Elle est construite en 550 (les Qi du Nord), et restaurée en 1573 (de Wanli des Ming). Bâtie sur les faîtes des montagnes de la Chaîne de Yanshan, son paysage est escarpé, ses édifices sont particuliers. Pour les murs, il y a ceux à bipan et ceux de pierre en escalier. Pour les fortins, il y en a ceux, à un étage, à deux étages, et ceux plat ou rond. Pour les toits de murs, il y en a des toits plans, des toits de bateaux et des toits voûtés. Donc, elle est réputée de ses constructions variées.

Ce tronçon de Grande Muraille est renommé pour son escarpement. La muraille est construite sur des faîtes raides, abruptes. La Grande Muraille des fois dite «Pont du ciel» sur des pentes raides près de 90°, qui nous fait la bouche bée et nous écarquille les yeux.

La Grande Muraille a 2 fortins connus, dont un s'appelle «Tour pour Regarder la capitale», qui est sur la faîte d'une montagne de 1000 m d'altitude. Sur la Tour, on peut regarder les lumières dans la nuit. Sur les briques de murs, sont gravées la date de fabrication et la référence de l'armée qui l'a fabriquée. L'autre fortin s'appelle «Tour de la Fée», dont la construction est très fine, et de belles légendes se sont répandues dans les masses.

Simatai

Der Abschnitt Simatai liegt im nördlichen Teil des Kreises Miyun und 120 km von Beijing entfernt. Er war auch ein wichtiger Paß östlich vom Gubeikou. 550 (in der Nördlichen Qi-Dynastie) gebaut und 1573 (in der Ming-Dynastie) wiederaufgebaut, liegt Simatai auf den Gipfeln des Gebirges Yanshan und ist darum steil abfallend. Darauf gibt es zwei- oder dreistöckige Türme, die flach oder rund sind und deren Dächer in verschiedenen Formen erscheinen. Außerdem ist die Mauer an sich auch abwechselungsreich. So ist es nicht unbegründet, dass man Simatai den „Abschnitt der Großen Mauer mit den schönsten Bauten" nennt.

Simatai ist bekannt vor allem für seine schwer passierbare Stelle. Beispielsweise ist die Strecke

namens Tianqiao (auf deutsch Himmelsbrücke) nur 40 cm breit, und die Strecke namens Tianti (auf deutsch Himmelstreppenleiter) wurde an der fast 90° steilen Felsenwand gebaut.

Auf dem Simatai gibt es zwei bekannte Türme. Der eine heißt Wangjinglou, der auf einem 1000 m hohen Gipfel liegt und von dem aus man in der Nacht die Lichter der Hauptstadt Beijing sehen konnte. Die Ziegelsteine der Mauer beim Wangjinglou sind mit der Angabe ihrer Herstellungszeit und der Kennummer der Truppeneinheit, die sie herstellte, versehen. Der andere heißt Xiannülou (auf deutsch Nymphenturm), aus dem zahlreiche schöne Legenden bis heute überliefert sind.

Simatai

Simatai, a 120 kilómetros de la ciudad de Beijing, en el norte del distrito Miyun, fue un importante paso estratégico que custodiaba el este del sector de Gubeikou. Su construcción se inició en el año 550 (dinastía Qi del Norte) y fue reparada en 1573 durante el reinado de Wangli de la dinastía Ming. Sus muros son sencillos, dobles y en forma de escalera; las atalayas son de dos pisos o tres pisos, de forma circular o aplastada, y de tejados planos, abovedados o esféricos. Por todo ello, se ha granjeado la fama de poseer "los récords de la Gran Muralla".

Este sector es conocido por su peligrosidad. La muralla se construyó sobre altos precipios cortados a pico. El tramo llamado "puente celestial" serpentea sobre rocas y tiene sólo 40 centímetros de ancho. La "escalera celestial" se eleva con una pendiente de casi de noventa grados e infunde miedo con sólo verlo.

En Simatai hay dos altalayas famosas: Wangjing (torre para divisar Beijing), se yergue sobre la cumbre de una montaña de 1.000 metros; al ascender a Wangjing se puede divisar por la noche el mar de luces de la ciudad de Beijing. Se ve todavía esculpida en ladrillos de la muralla la denominación del ejército y la fecha de construcción. La otra atalaya, llamada Xiannü (torre de las hadas), es conocida por su exquisita estructura arquitectónica y las leyendas que la rodean.

Grande della Simatai

La Grande Muraglia che si trova nel nord della cittadina di Miyun a Pechino, a distanza di 120 chilometri, costituisce un importante passo strategico per diffendere la zona orientale della Grande Muraglia di Gubeikou. Si iniziera a edificare nel 550, ricostruendola nel 1573. Esso occupa nella verdice del monte Yanshan, e la precipitosa topografia, il strano edificio. Le mura includono il muro a lato singolo, a due lati, di pietra trapezionale; le torri da due piani e tre piani, sono ellittici e circolare, il tetto è piano, volto, quindi ha buona reputazione i più belli edifici della Grande Muraglia.

Qui la Grande Muraglia è famosa per la scoscesa topografia. La Grande Muraglia era edificata nella precipitosa vetrice. La Grande Muraglia chiamata la cavalcavia, sale serpeggiando sulla spina del monte, e sul precipizio a angolo retto, dopo fare una visita, permette al gente di sfranare gli occhi ammutolito

Nella Grande Muraglia ci sono le due famose torre per la difesa dei nemici. Uno si chiama il palazio di visita della capitale, torreggiando nella vertice del monte con mila metri di altezza spre il livello di mare. Salendo il palazzo di visita della capitale, nella sera si possono guardare da lontano la luce della lampada nella capitale. L'altro si chiama il palazzo di ninfa, qui ci sono tante belle leggende.

司马台长城上文字砖
Inscriptions on bricks of the Great Wall at Simatai
司馬臺長城の文字の付いている煉瓦
Briques à inscriptions à la Grande Muraille de Simatai
Die Ziegelsteine mit Inschriften auf dem Simatai
Ladrillos de escrituras en la muralla de Simatai
Le mattoni con i scritti della Grande Muraglia
司馬臺장성위에 글자가 있는 벽돌

司馬臺長城

　　북경시 密雲縣의 북부에 있는 司馬臺長城은 북경시내까지 120km 이고 고북구장성의 동부를 지키는 중요한 關隘이며 北齊 (550) 시기에 처음 지어 明나라 萬歷 (1573) 시기에 다시 건설하였습니다. 그 성벽은 燕山의 꼭대기에서 지어 지세가 험하고 건물이 독특합니다. 성벽은 단면 벽, 양면 벽, 계단식 돌 벽 등이 있습니다. 敵樓는 2 층, 3 층, 부채형, 원형 등이 있으며 지붕은 평평한 것이 있고 船 형과 穹隆형들이 다 있습니다. 그래서 "만리장성의 제일 건물 "이라고 합니다.

　　이 부분의 장성은 험준한 것으로 유명합니다. 그의 건물은 강철과 같은 절벽과 산꼭대기에 건설하였습니다. "天橋"라는 장성은 암석의 꼭대기에 세우고 너비가 단지 40cm 이며 "天梯"라는 장성은 거의 90 도 되는 절벽 위에 세워서 사람이 보면 모두 깜짝 놀라서 그의 험준과 독특을 보여주고 있습니다.

　　司馬臺長城에는 2 개의 유명한 敵樓가 있습니다. 하나는 "望京樓"라고 하는데 해발 거의 1000m 되는 산꼭대기에 서있습니다. 밤에 망경루에 올라가면 북경의 야경을 내려다 볼 수 있습니다. 이곳의 벽돌에서 만든 시간과 部隊의 번호가 새겨져 있습니다. 또 하나는 "仙女樓"라고 하는데 건물이 매우 精巧하여 숱한 아름다운 전설을 갖고 있습니다.

修筑在险峻的山脊上的城墙

A section of the Great Wall that stands on the ridge of an awesome mountain.

険しい岩壁上に修築された城壁。

Des murs sont construits sur les faîtes abruptes de montagnes.

Die auf steilen Bergrücken gebauten Mauer

Muros construidos sobre peligrosas pendientes de la montaña

Le Mure si trova nella spina del precipitoso monte.

험한 산꼭대기에 건설하는 성벽.

"仙女楼"。建筑精美。相传有只羚羊变作仙女住在楼上，并与一位牧羊人相爱。

Angel's Tower, known for its exquisite architecture. Legend has it that this was the dwelling place for an antelope reincarnated in the form of an angel who fell in love with a shepherd.

「仙女楼」 建築が精巧である。昔、ある羊が仙女になって楼に棲んで、牧人と愛し合ったと言う伝説がある。

La «Tour de la Fée» est de belle construction. On dit une antilope s'est transformée en fée et habitait là haut, enfin, tombée amoureuse d'un berger.

Der schöne Nymphenturm. Der Überlieferung nach wohnte eine Nymphe, die sich aus einer Antilope umgewandelt hatte, in diesem Turm und verliebte sich in einen Schäfer.

Torre de Xiannü. Se cuenta que un antílope que se había convertido en hada vivía en esta torre y se enamoró de un pastor de ovejas.

Il palazzo di ninfia, l'edificio è squisito. Seconda la leggenda, una antilope è diventata una ninfia, amando un pastore.

"仙女樓". 건물이 정교하며 한 마리 羚羊이 선녀로 변하여 여기서 살고 그 후에 한 명 방목공과 사랑하는 전설이 전해져오고 있습니다.

望京楼。海拔986米，为司马台长城最高点。夜晚登楼可遥望京城灯火。

Wanjinglou Tower. At a height of 986 metres above sea level, the tower forms the summit of the Simatai section of the Great Wall. Mounting the tower at night one can see lights shimmering faintly in downtown Beijing.

「望京楼」 標高986メートルで、司馬台長城の最高点である。夜になって楼に上ると、はるか遠くから北京城の灯火を見られる。

La «Tour pour Regarder la Capitale» est haute de 986 m, donc sur le point culminant de la Grande Muraille de Simatai. On peut regarder les lumières de la capitale dans la nuit.

Der Turm Wangjinglou mit einer Höhe von 986 m ist der höchste Punkt auf der Strecke Simatai. Darauf kann man Beijing bei der Nacht sehen.

Torre de Wangjing se construyó en el pico de 986 metros sobre el nivel del mar, lugar más alto de la Muralla Simatai.

Il palazzo di visita della capitale di stato, è l'altezzo sopra il livello del mare di 986 metri, un più alto punto della Grande Muraglia. Nella sera sul palazzo, si possono visitare da lontano la luce della lampada nella capitale.

"望京樓". 해발이 986m 이고 司馬臺장성에서 가장 높은 곳이며 밤에 올라가면 북경의 야경을 볼 수 있습니다.

司马台单边墙长城。这里山脊单薄，有的地段仅40厘米宽，其下是悬崖绝壁，而长城厚度仅为两块砖。

On the northern side of Mount Simatai, the ridges are very narrow, some sections being only 40cm. Down below are dangerous precipices, which added difficulty to the construction of the wall. To strengthen defence capabilities, a wall as thick as two bricks was built to connect the watch towers. Therefore it is called "One-Side Wall".

司馬臺の片端長城。この邊りは山の脊梁が薄く、ある部分は40ｾﾝﾁしかなくて、そのすぐ下は絶壁であるから、長城の厚さは二個煉瓦だけで、「片端長城」と稱されている。

Mur monopin de Simatai. La faîte d'ici est étroite, des fois 40cm, en bas, falaise, où le mur est êpais de 2 briques, ainsi nommé«mur monopin».

Weil die Bergrücken bei diesem Abschnitt ganz eng sind, ist die Große Mauer manchmal nur 40 cm breit, was zwei Ziegeln entspricht. Aus diesem Grund wird dieser Abschnitt die „Große Mauer mit einer Seite " genannt

Los muros sencillos en Simatai, construidos en cresta de montaña tan estrecha como 40 centímetros de ancho en algunos trozos

la Grande Muraglia laterale di Simatai, l'ampiezza di qualcune sue parti di solo 40m, sotto cui c'è precipisi, e la larghezza delle mura è le due mattoni, quindi si chiama questo nome.

司馬臺의 單邊壁장성. 여기의 산마루가 얇아서 어느 부분이 40cm 만이고 그 밑에 바로 절벽이므로 장성의 두께가 2개의 벽돌밖에 되지 못하기 때문에 "單邊長城"이라고 한다.

山西繁峙平型关
Pingxingguan Pass in Fanshi County, Shanxi Province
山西省の平型關
La passe de Pingxingguan, Shansi
Der in der Provinz Shanxi gelegene Pingxingguan-Paß
El paso de Pingxingguan en Shanxi
La Fortezza di Pingxingguan nella provincia del Shannxi
山西서의 平型關

辽宁九门口长城水关
Water pass on the Great Wall at Jiumenkou, Liaoning Province
遼寧省九門口長城水關
Passe à Eaux (Shuiguan) de la Grande Muraille de Jiumenkou, Liaoning
Der Shuiguan-Paß, der in Jiumenkou, Provinz Liaoning, liegt
Jiumenkou en Liaoning
la Fortezza nell'acqua con i nove porti
遼寧 九門口長城의 水關

河北易县紫荆关
Zijingguan Pass in Yixian County, Hebei Province
河北省易縣の紫荆關
La passe de Zijingguan, Yixian, Hebei
Der Zijingguan-Paß, der im Kreis Yixian, Provinz Hebei, liegt
El paso de Zijinguan en el distrito Yixian en Hebei
La Fortezza di Jingjiguan della cittadina di Yixian nella provina del Heibei
河北성 易縣에 있는 紫荊關

山西阳泉娘子关
Niangziguan Pass in Yangquan City, Shanxi Province
山西省陽泉の娘子關
La passe de Niangziguan, Yangquan, Shansi
Der Liangziguan-Paß, der in Yangquan, Provinz Shanxi, liegt
El paso de Niangziguan en el distrito de Yangquan en la provincia de Shanxi
La Fortezza di Niangziguan della cittadian di Yangquan nella provincia del Shannxi
山西성 陽泉현에 있는 娘子關

甘肃汉长城遗址
Ruined site of the Han Dynasty Great Wall in Gansu
Province
甘肅省漢時代の長城遺址
Restes de la Grande muraille des Han, Gansu
Ruinen der Großen Mauer aus der Han-Dynastie,
Provinz Gansu
Ruinas de la Gran Muralla de la dinastía Han en la
provincia de Gansu
Le torri di segnalazione nella provincia del Gansu
甘肅省에 있는 漢나라 長城의 유적

甘肃汉烽火台
Beacon towers of the Han Dynasty in Gansu Province
甘肅省漢時代の烽火臺
Tour de feu des Han, Gansu
Die Alarmfeuertürme aus der Han-Dynastie, Provinz
Gansu
Atalayas de la Gran Muralla de la dinastía Han en
Gansu
Le torri di segnalazione nella provincia del Gansu
甘肅省에 있는 漢나라시기의 烽火臺

山 海 关

　　山海关位于河北省秦皇岛市东北隅。依山傍海，地势险要。它始建于明洪武十四年（1381），为名将徐达置关修城。因关建于山、海之间，故名山海关。山海关是明长城东部最重要的关口。关城有东、南、西、北四门，分别为"镇东"、"迎恩"、"望洋"、"威远"。城墙高14米，砖石包砌，城楼九脊重檐，威武壮观。自古便有"万里长城第一关"之称。

　　山海关箭楼上有块匾额，上有高达1.6米的五个大字"天下第一关"，系明代进士萧显所题，字体浑厚，苍劲有力。

　　山海关以东的长城筑入大海，名为老龙头，景色不凡。附近还有角山景区、孟姜女庙景区等，都很有特色。

Shanhai Pass

Shanhai Pass is situated at the foot of a mountain and in the vicinity of the sea in the northeast corner of the city of Qinhuangdao, Hebei Province. Built by Xu Da, the famous Ming-dynasty general, in 1381, or the 14th year of the Hongwu reign, the pass is the most important one in the eastern part of the entire Great Wall. The pass features four gates, named "Zhendong", "Ying'en", "Wangyang" and "Weiyuan" respectively. The wall stands 14 metres in height and is lined with brick and stone. The gate-tower looks majestic under tiled double roofs with nine ridges and colourfully ornamented eaves. Since ancient times Shanhai Pass has been extolled as "Number One Pass Under Heaven".

A horizontal board hangs above the arrow tower of the Shanhai Pass. On it, inscribed in forceful strokes, are five Chinese characters each measuring 1.6 metres in height, which mean, "First Pass under Heaven".

Beyond Shanhai Pass the Great Wall stretches eastward until it dips in the sea at a place called Laolongtou (Old Dragon's Head). Tourist attractions in the vicinity include the Jiaoshan Scenic Zone, and a temple dedicated to Meng Jiangnu, a women who died of sorrow for her husband conscripted by Qinshihuang to build the Great Wall.

Der Shanhaiguan-Paß

Der Shanhaiguan-Paß liegt nordöstlich von der Stadt Qinhuangdao, Provinz Hebei, und war eine schwer passierbare und daher strategisch wichtige Stelle. Er wurde im 14. Regierungsjahr des Ming-Kaisers Hongwu (1381) für den General Xu Da gebaut. Da er zwischen Gebirge und Meer liegt, so kam zu seinem Namen (Shanhaiguan bedeutet auf deutsch Paß zwischen Gebirge und Meer). Als der wichtigste Paß des Ostteils der Großen Mauer in der Ming-Zeit hat Shanhaiguan vier Tore in vier Himmelsrichtungen, und das Osttor heißt „Zhendong", das Südtor „Ying'en", das Westtor „Wangyang" und das Nordtor „Weiyuan". Die Mauer beim Shanhaiguan ist 14 m hoch und aus Ziegeln und Steinen gebaut. Wegen eines majestätischen Wachturms nennt man Shanhaiguan seit alters her den „Ersten Paß der Großen Mauer".

Am Wachturm hängt eine horizontale Tafel, auf der die Inschrift „Der Erste Paß auf Erden" zu lesen ist. Jedes dieser fünf chinesischen Schriftzeichen ist 1.6 m hoch und wurde vom Jinshi (akademischer Grad und Titel der früheren zentralen kaiserlichen Staatsprüfung) Xiao Xian meisterhaft geschrieben.

Der Abschnitt der Großen Mauer südlich des Shanhaiguan-Passes geht direkt bis zur Küste. Aus diesem Grund wird er Laolongtou (auf deutsch Kopf des alten Drachens) genannt. Außer Laolongtou sind in der Umgebung der Berg Jiaoshan und der Tempel von Meng Jiangnü ebenfalls besuchenswert.

山海関

　　山海関は、河北省秦皇島市北東部の隅に位置し、山のふもとに寄り、海辺に面し、地勢が険しい。山海関は、明代洪武十四年（1381年）に建て始め、将軍の徐達が関所を置き、城をつくったのである。山と海の間に建てられたことにより、山海関と称する。山海関は、明代長城東部にもっとも重要な関所とする。城は東、南、西、北四つの関門が設け、それぞれ「鎮東」、「迎恩」、「望洋」、「威遠」とする。城壁の高さは14メートル、石で積みられ、やぐらの屋根が飛び重ねられ、威風堂々とした壮観であり、昔から「万里の長城第一関」と言われる。

　　山海関やぐらの上に横額が一枚かかって、その上に高さ1.6メートルほどの「天下第一関」と言う五文字が書かれ、明代進士の萧顕の親筆で、自体が雄渾で、雄勁有力である。

　　山海関より東端の長城は、海の中に伸び、名前は老龍頭と言い、景色が素晴らしい。近くに角山、孟姜女廟と言う観光地等あり、どっちも特色をもっている。

La Passe de Shanhaiguan

Située dans le nord-est de la ville de Qinhuangdao de la province du Hebei, la Passe de Shanhaiguan est tout près de la montagne et de la mer, sur un point abrupt. Elle est construite par le général bien connu Xu Da en 1381, à l'époque Hongwu des Ming. Se trouvant entre montagne et mer, donc, elle s'appelle Shanhaiguan (Passe à la montagne-mer). La Passe est le plus important point stratégique au bout est de la Grande Muraille des Ming. La passe a 4 portes est-sud-ouest-nord, appellées respectivement, «Zhendong» «Yingen» «Wangyang»«Weiyuan». Le mur est haut de 14 m., revêti de briques et de pierre, à 9 faîtes et à 2 avant-toits, d'un aspect majestueux, effectivement la «Première passe de la Grande Muraille de dix mille li».

Sur la tablette horizontale de la Tour à Flèche de la Passe de Shanhaiguan, sont inscrits 5 caractères de 1,6 m de haut :«Première Passe du Monde», par un candidat reçu au dernier examen impérial Xiao Xian, du style gras, fort et grave.

Le mur à l'est de Shanhaiguan entrant dans la mer s'appelle «Tête de Dragon» où le paysage est remarquable. Tout près du site, se trouvent le site Jiaoshan et le Temple de Meng Jiangn?. Tous sont intéressants.

El paso de Shanhaiguan

El paso de Shanhaiguan se encuentra en el noreste de la ciudad de Qinhuangdao (provincia de Hebei), en un lugar estrátegico y de difícil acceso situado entre la montaña y el mar. Mandado construir por Xu Da, famoso general de la dinastía Ming, durante el décimocuarto año del del reinado de Hongwu (1381), este paso debe su nombre precisamente al hecho de abrirse entre la montaña (shan) y el mar (hai). En tiempos de la dinastía Ming, el paso de Shanhaiguan era el más importante de la Gran Muralla, tanto es así que junto a él surgió la ciudad de Guancheng a su lado, cuyas cuatro puertas,Zhendong, Ying´en, Wangyang y Weiyuan, dan a los cuatro puntos cardinales. La ciudad está rodeada por un muro de 14 metros de alto; y el tejado del torreón que se levanta sobre sus puerta principal tiene nueve cumbreras y un alero doble. La majestuosidad del lugar justifica plenamente el honroso título de "Primer Paso de la Gran Muralla de los Diez Mil Li" que ha ostentado desde la antigüedad.

Sobre la puerta del torreón cuelga un tablero con cinco caracteres de trazo vigoroso, cada uno de los cuales mide 1,6 metros. Se trata de una caligrafía de Xiao Xian, célebre funcionario de la corte Ming.

Desde el paso de Shanhaiguan, la Gran Muralla sigue extendiéndose hacia el este hasta llegar al mar, en el punto conocido como la Cabeza del Viejo Dragón. Desde este extremo de la muralla se divisa un panorama espléndido, del que forman parte la zona paisajística de Jiaoshan y el templo de Meng Jiangnü.

Fortezza di Shanhaiguan

La Fortezza di Shanhaiguan, si trova nel nord-est del Qinghuangdao nella provincia della Hebei: è banganta dal monte, e vicina al mare, situata stregicamente e di difficile acceso. Esso era iniziato a edificare nel 1381 per il famoso generale Xiuda. Data la costruzione fra monto e mare, si chiama la Fortezza di Shanghaigua. La Shanghaiguan è il più importante fortezza dell'est della Grande Muraglia della dinastia Ming. La Fortezza è divisa i 4 proti nell'est, il sud, l' ovest e il nord, chiamate rispettivamente Zhendong, Yang'en, Wangyang, Weiyuang. L'altezza della mure è pari a 14 metri, hanno costruito le mura con le mattoni e pietre, la potente e grandiosa Fortezza è dotata dei nove colmo del tetto e delle doppie grond. Da anticità ha il nome della "prima fortezza di tutto il mondo".

Nella torre con le feritoie per gli arcieri della Fortezza, c'è una tavolatta con iscriwione orizzontale, su cui include le cinque scritture cinesi dell'altezza di 1,6 metri "prima fortezza di tutto il mondo", scritte dal candidato che ha superato con successo la più alta esame imperiale Xiaoxian, con la pederosa e forte forma di scrittura.

La Grande Muraglia nell'est della Fortezza di Shanghaiguan era edificata nel mare, chiamata Laolongtou(antica testa del dragone), la sua panorama è molto affascinante. Vicina alla Fortezza, ci sono le zone panoramiche del monte di Jiaoshan ed il tempio della ragazza Meng Jiang.

山海關

山海關은 하북성 秦皇島시의 동북에 자리잡고 있습니다. 산을 등지하고 바다를 끼는 지세로 험합니다. 명나라 洪武 14 년 (1381) 에 건설하기 시작한 유명한 장군 徐達은 관을 세우고 성을 만들었습니다. 산과 바다 사이에 세우기 때문에 산해관이라고 하였습니다. 산해관은 明나라 장성 동부의 가장 중요한 관문입니다. 關城의 동, 남, 서, 북쪽에 각각 鎭東, 迎恩, 望洋, 威遠이라는 문이 있습니다. 성벽의 높이는 14 메타이고 벽돌로 쌓았으며 성루의 지붕은 九脊重椽의 구조로 만들어져서 매우 위엄하고 웅장합니다. 예전부터 "만리장성의 제일 관"이라는 말이 있습니다.

山海關의 箭樓우에 있는 편액에서 明나라의 進士 蕭顯이 쓴 "天下第一關"은 글자의 높이가 1.6m 자형이 소박하여 필법이 세련하고 박력이 있습니다.

山海關 동쪽의 장성은 바다 안에까지 건설하여 "老龍頭"라고 부르고 경치가 매우 非凡합니다. 근처에 있는 角山 관광지와 孟姜女廟 관광지도 모두 특색이 있습니다.

老龙头长城

Old Dragon's Head, the east starting point of The Great Wall

龍頭長城

La Grande Muraille de «Tête de Dragon»

Der Abschnitt Laolongtou, der wie Kopf eines alten Drachens aussieht

Cabeza de Dragón Viejo —extremo este de la Gran Muralla

la Grande Muraglia di Laolongtou

老龍頭長城

嘉峪关

位于甘肃省嘉峪关市西南的嘉峪关，为长城西端终点，也是著名的"丝绸之路"必经之地；且雄距祁连山、龙骨山之间，形势险要，自古就是军事要地。嘉峪关为明洪武五年（1372）所筑，6米以下为黄土夯筑，以上用土坯加固。周长733米，面积33500平方米，高10.7米。东西城垣开门，筑有瓮城。关城四角建有二层角楼。西面城垣凸出，中间门额上刻有"嘉峪关"三字。西门外有石碑，上刻"天下雄关"四字。关南长城伸向祁连山下，关北长城至黑山峭壁。

如今，中外游人多到此凭吊著名的古战场和一睹建筑精巧的关城。

Jiayu Pass

Jiayu Pass, situated to the southwest of the city of the same name in Gansu Province, is the western terminal of the Great Wall. Sitting on the celebrated Silk Road, hemmed in between the Qilian and Longgu mountains, and situated at a place of strategic importance, the place was a military stronghold in ancient times. The pass was built in 1372, or the fifth year of the Hongwu reign of the Ming Dynasty. The pass's lower part of the wall, six metres in height, is built of rammed earth, and the upper part is solidified with adobe. With a circumference of 733 metres, a height of 10.7 metres and covering an area of 33,500 square metres, the pass features two gates, one in the east and the other in the west, each being surrounded by an enclosing wall. A two-floor turret stands atop each of the four corners. Three big Chinese characters, Jia Yu Guan, are inscribed in the lintel of the central gate. Outside the western gate stands a stone tablet inscribed with the four Chinese characters which means, "formidable pass under heaven". The pass's western arm stretches towards the foot of the Qilian Mountain and its southern arm extends to the steep cliff of the Heishan Mountain.

Today, tourists from China and other countries come in a constant stream to marvel at the famous ancient battlefield and the pass's exquisite form.

嘉峪関

　甘粛省嘉峪関市南西あたりにある嘉峪関は、長城西端の終点であり、有名な「シルクロード」の経由地でもある。それは祁連山、龍骨山の間にまたがり、地勢が険しく、昔から軍事要地となっている。嘉峪関は、明代洪武五年（1372 年）に築かれ、6 メートル以下の部分は土で固められ、その上の部分は土れんがで積み重ねられた。回りの長さは 733 メートルで、広さは 33500 平方メートル、高さは 10.7 メートルで建てられた。東と西の城壁に関門が設け、小城郭が建てられた。城の四角に二階の隅やぐらがある。西の城壁が突出していて、真ん中の横額に「嘉峪関」と言う三文字が刻まれている。西門の外に石碑があり、その上に「天下雄関」の四文字が刻まれている。関所南からの長城は祁連山のふもとに伸び、関所北からの長城は黒山の絶壁に至る。

　今、中国及び外国の観光者たちは、長城に来て古代戦場をとむらい、また建築精巧な関所を楽しめる。

La Passe de Jiayuguan

　Se trouvant au sud ouest de la ville de Jiayuguan, la Passe de Jiayuguan est la fin ouest de la Grande Muraille, aussi un lieu infranchissable. D'ailleur, elle est située entre le Mont Qilian et le Mont Longgu, construite en 1372 à l'époque Hongwu des Ming, bâtie en terre battue en bas de 6 m, renforcée en haut de briques crues. Sa circonférence est de 733 m2, sa hauteur est de 10,7 m, sa superficie est de 33 500 m2. Il y a une porte à l'est, une autre à l'ouest, et une cité close aux portes. Au fortin de passe, sont construits des pavillons d'angle à un étage. Le mur ouest est saillant, au milieu est gravé le nom de la Passe «Jiayuguan». A l'extérieur de la porte ouest, se dresse une stèle, sur laquelle est gravé «Passe puissante du Monde». La muraille sud de passe étend à la falaise du Mont Heishan.

　Aujourd'hui, les touristes chinois et étrangers viennent ici pour visiter les anciens champs de batails et admirer les fortins remarquables.

Der Jiayuguan-Paß

　Südlich von der Stadt Jiayuguan, Provinz Gansu, gelegen, bildet der Jiayuguan-Paß das westliche Ende der Großen Mauer. Dort war auch der einzig gangbare Weg der weltbekannten Seidenstraße. Da dieser Paß zwischen dem Gebirge Qilianshan und dem Gebirge Longgushan liegt, war er in alten Zeiten strategisch sehr wichtig. Der Jiayuguan-Paß wurde im 5. Regierungsjahr des Ming-Kaisers Hongwu (1372) gebaut, und der Teil unter sechs m aus Löß, der über sechs m aus Rohziegeln. Der Jiayuguan-Paß ist 10,7 m hoch, 33 500 qm groß und hat einen Umfang von 733 m. Er hat nur ein Ost- und ein Westtor, vor denen es jeweils eine kleinere Schutzmauer gibt. Auf den vier Ecken erhebt sich jeweils ein zweistöckiger Wachturm. Am Westtor ist der Name des Passes auf einer horizontalen Tafel zu lesen. Vor dem Westtor gibt es einen Gedenkstein, auf dem die Inschrift „Uneinnehmbarer Paß auf der Erde" steht. Südlich des Passes läuft die Große Mauer weiterhin bis zum Fuß des Gebirges Qilianshan, und nördlich des Passes geht sie bis zur steilen Felswand des Schwarzen Gebirges.

　Heute üben der Jiayuguan-Paß und das alte Schlachtfeld in seiner Umgebung immer größere Anziehungskraft auf in- und ausländische Touristen aus.

El paso de Jiayuguan

　El paso de Jiayuguan, situado en el suroeste de la ciudad de Jiayuguan (provincia de Gansu), se abre en el extremo oeste de la Gran Muralla. Construido entre las montañas de Qilian y de Longgu, a lo largo de la historia este paso ha tenido una gran importan no sólo En el quinto año del reinado de Hongwu (1372), junto a este paso se levantó una ciudad de 33.500 metros cuadrados rodeada por un muro de 733 metros de longitud y 10,7 metros de altura, cuyos seis primeros se construyeron con loess, fortificándose con tapiales la parte superior restante. En el este y el oeste se abren sendas puertas que dan acceso a las pequeñas ciudades que surgieron en los alrededores. En las cuatro esquinas de la ciudad hay sendas torres de dos pisos. En el dintel de la puerta oeste están inscritos los tres caracteres chinos correspondientes a "Jia Yu Guan" y, junto a ésta, se yergue una lápida con la inscripción "Paso Estratégico del Mundo".

　Hoy en día, la exquisita arquitectura y la rica historia de este escenario de antiguas batallas atrae poderosamente a visitantes chinos y extranjeros.

La fortezza di Jiayuguan

　La Fortezza di Jiayuguan, situata nel sud-ovest della città di Jiayuguanshi nella provincia del Ganxu, costituisce la fine occidentale della Grande Muraglia, e l'unica zona possibile della via di seta, trovandosi con atteggiamento eroico fra le montagne Qilianshan e Longgushan, situata stregicamente e di difficile acceso, da anticità è un importante punto strategico. Nel 1372 la fortezza di Jiayuguan era edificata, sotto i sei metri era costruito utilizzando il losse, sopra quello solidificavala con le mattoni di terra. La lunghezza del suo giro intorno raggiunge 733 metri, occupando una superficie di 33,500 mq, con l'altezza pari a 10,7 metri. La Fortezza si aprono i porti nelle muraglie delle zone orientali e occidentali, c'è una interna cittadina. Nei 4 angoli della cittadina si edificheva le torri dell'angolo con due pianni, la muraglia dell'ovest è protuberante, in cui sull'architrave si incidera le tre scritture "Jiayuguan". Fuori il porto occidentale, c'è una stele di pietra, su cui si incidera le 4 scrittur "la gradiosa fortezza mondiale". La Grande Muraglia nel sud della Fortezza si stende alla montagna Qilianshan, nel nord al presipicio della montagna Heishan.

　Attualmente in questo luogo storico i visitatori cinesi e stranieri rievocano il passato e vedono la ingegnosa costruzione della Grande Muralglia.

嘉峪關

　甘肅省 가욕관시 서남쪽에 있는 嘉峪關은 장성 서쪽 끝에 있는 종점으로 유명한 "실크 로드"도 거쳐야 할 곳이며 祁連山과 龍骨山의 사이에 서서 지세가 매우 험하고 예전부터 군사 요새였습니다. 가욕관은 明나라 洪武 5년 (1372 년) 에 건설하였고 기초는 黃土로 구축하고 위는 흙벽돌로 단단하게 하였습니다. 둘레가 733m, 면적이 33,500C, 높이가 10.7m 입니다. 성벽의 동, 서적을 벽에 문과 甕城이 있습니다. 관의 4 개 모서리에는 2 층 짜리 角樓를 세웠습니다. 서쪽의 성벽은 볼록 나왔습니다. 가운데 宮闕문의 額우에 "嘉峪關"이라는 3 글자가 쓰여져 있습니다. 서쪽 문밖에 있는 비석에는 "天下雄關"이 새겨져 있습니다. 관 남쪽의 장성은 祁連山 기슭에 이르고 관 북쪽의 장성은 黑山의 절벽까지 이릅니다.

　지금 국내외 관광객들은 예전의 전투장을 생각하며 고전 건물의 精巧적인 솜씨를 보기 위해 오고 있습니다.

背依祁连山的嘉峪关

Jiayu Pass against the backdrop of the Qilian Mountain

祁連山にもたれている嘉峪關

La Passe de Jiayuguan adossée au Mont Qilian

Der Jiayuguan-Paß mit dem Gebirge Qilianshan im Rücken

Jiayuguan a la espalda de la Montaña de Qilian

per sfondo della montagna di Qilianshan

祁連山을 등지는 嘉峪關

嘉峪关长城第一墩
First mound of the Jiayuguan Great Wall
嘉峪關長城の第一墩
1er tertre de la Passe de Jiayuguan
Der erste Erdhügel beim Jiayuguan-Paß
La primera atalaya de Jiayuguan
il primo blocco di pietra della Grande Muraglia di Jiayuguan
嘉峪關장성의 第一墩

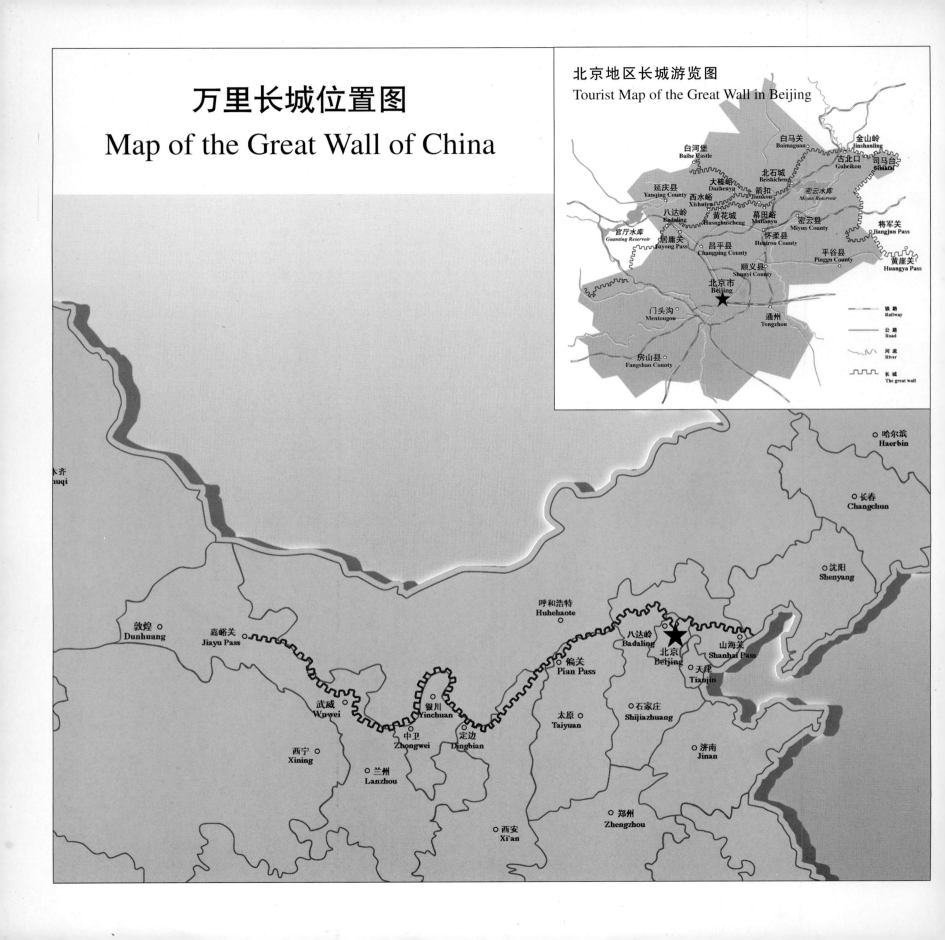

万里长城位置图
Map of the Great Wall of China

北京地区长城游览图
Tourist Map of the Great Wall in Beijing

白河堡
Baihe Castle
白马关
Baimaguan
金山岭
Jinshanling
古北口
Gubeikou
司马台
Simatai
北石城
Beishicheng
延庆县
Yanqing County
大榛峪
Dazhenyu
西水峪
Xishuiyu
箭扣
Jiankou
密云水库
Miyun Reservoir
八达岭
Badaling
黄花城
Husnghuscheng
幕田峪
Mutianyu
密云县
Miyun County
将军关
Jiangjun Pass
官厅水库
Guanting Reservoir
居庸关
Juyong Pass
昌平县
Changping County
怀柔县
Huairou County
平谷县
Pinggu County
黄崖关
Huangya Pass
顺义县
Shunyi County
北京市
Beijing
门头沟
Mentougou
通州
Tongzhou
房山县
Fangshan County

铁路
Railway
公路
Road
河流
River
长城
The great wall

哈尔滨
Haerbin

长春
Changchun

沈阳
Shenyang

乌鲁木齐
Wulumuqi

敦煌
Dunhuang
嘉峪关
Jiayu Pass
呼和浩特
Huhehaote
八达岭
Badaling
北京
Beijing
山海关
Shanhai Pass

武威
Wuwei
银川
Yinchuan
偏关
Pian Pass
天津
Tianjin

中卫
Zhongwei
定边
Dingbian
太原
Taiyuan
石家庄
Shijiazhuang

西宁
Xining
兰州
Lanzhou
济南
Jinan

郑州
Zhengzhou

西安
Xi'an